UN PRÊTRE MARIÉ

DU MÊME AUTEUR

ÉTUDES D'HISTOIRE ECCLÉSIASTIQUE

XX' SIÈCLE

La Question Biblique au XXe **siècle.** — Deuxième édition, revue et augmentée. — Juillet 1906. In-8°, 337 p. — Prix : 4 fr.

La Crise du Clergé. — Deuxième édition, revue, modifiée et augmentée. — Mars 1908. In-12, 332 p. — Prix : 3 fr. 50.

Évêques et Diocèses. — 1re série (Le Cardinal Perraud, Diocèses d'Autun, de Cambrai, de Clermont, de Lyon, de Tours). — Troisième édition, revue et augmentée. — Juin 1908. In-12, 117 pages. — Prix : 1 fr. 25.

XIX' SIÈCLE

Dom Couturier, abbé de Solesmes. — Juillet 1899. In-18, 384 p., avec portrait. — Prix ; 3 fr.

Le Petit Séminaire Mongazon. — Essai publié dans la *Semaine religieuse du Diocèse d'Angers*, de janvier à novembre 1900.

La Question biblique chez les Catholiques de France au XIXe **siècle.** — Deuxième édition, revue et augmentée. — Novembre 1902. In-8°, iv-378 p. — Prix : 4 fr.

La Controverse de l'Apostolicité des Églises de France au XIXe **siècle.** — Troisième édition, revue et augmentée. — Mars 1903. In-12, 315 p. — Prix : 3 fr. 50.

L'Américanisme. — Décembre 1903. In-12, vii-497 p. — Prix : 3 fr. 50.

Un dernier Gallican. Henri Bernier, chanoine d'Angers (1795-1859). — Deuxième édition, revue et augmentée. — Mars 1904. In-8°, vi-482 p. — Prix : 6 fr.

Les Origines de l'Eglise d'Angers. — La Légende de saint René. — Novembre 1901. In-8°, 76 p. — Prix : 2 fr.

Mes Difficultés avec mon Évêque. — Imprimé en avril, mis en vente en décembre 1903. In-8°, 62 p. — Prix : 1 fr. 50.

Un Prêtre marié

Charles Perraud

Chanoine Honoraire d'Autun

1831-1892

PAR

Albert HOUTIN

DEUXIÈME ÉDITION, REVUE

PARIS

CHEZ L'AUTEUR

18, RUE CUVIER, 18

1908

Tous droits réservés

AVANT-PROPOS

Monsieur Hyacinthe Loyson m'a confié, avec
l'autorisation d'en faire l'usage qui me paraî-
trait utile, les documents qu'il possède relativement à la grande crise religieuse qui commença au pontificat de Pie IX.

Ceux que je publie ici me semblent présen-
ter un intérêt particulier.

Ils ont trait à l'une des figures les plus curieuses du clergé français, en même temps
qu'à l'une des règles les plus graves de la discipline ecclésiastique.

La conduite que Charles Perraud tint vis-à-
vis de cette règle peut être critiquée, mais elle
fut associée, pendant bien des années, à une
grande piété. En la rendant publique, je ne
pense pas m'écarter de son esprit. Il s'élevait
énergiquement contre la falsification de l'histoire de l'Eglise, aussi fréquente parmi les bio-
graphes contemporains que parmi les hagiographes du passé.

Il blâmait en particulier le Père Gratry, son maître vénéré, d'avoir écrit la vie de leur ami commun, l'abbé Perreyve, en exaltant ses sentiments enthousiastes pour le célibat ecclésiastique, lorsqu'il en prit l'engagement et sans faire mention de l'amour très douloureux qui fut la grande épreuve de ses dernières années.

Mon récit, d'ailleurs, n'est qu'une étude d'histoire et de psychologie religieuse. Il expose simplement un cas intéressant en lui-même, et intéressant aussi parce qu'il est beaucoup moins rare que certaines gens ne veulent le croire, et très différent de ce que certaines autres imaginent. Même en supposant que des discussions s'élèvent autour de cet opuscule, on ne peut en attendre aucune conséquence pratique. C'est encore ce qui me met très à l'aise.

Il est donc entendu, je pense, que je publie ces documents tout uniment pour raconter, et non pas pour poser un problème d'ordre général.

Paris, le 4 octobre 1908.

I

LA VOCATION

(1831-1870)

Charles-Alexis Perraud naquit le 13 janvier 1831 à Bayonne, où son père était alors en garnison. Le capitaine Perraud, qui avait débuté simple soldat à Waterloo, appartenait par ses origines à la Franche-Comté. Madame Perraud était fille d'un président de chambre à la Cour Royale de Bourges (1).

Son enfance s'écoula à Versailles, puis à Paris, où les exigences du service y avaient appelé son père. Au catéchisme de Saint-Sulpice où il fit sa première communion, et au Collège royal Saint-Louis, où il fit ses études, il

____

(1) *L'abbé Charles Perraud*, par Augustin Largent, de l'Oratoire (Paris, Chapelliez, 1895, in-12, 110 p.).

rencontra des condisciples qui devaient être pour lui des amis dé toute la vie : l'abbé Eugène Bernard, mort curé de Saint-Jacques du Haut-Pas, et l'abbé Henri Perreyve, mort professeur en Sorbonne. Toutefois son principal ami devait être son frère, Adolphe-Louis, son aîné de trois ans. Rarement deux frères s'aimèrent autant, mais dans cet échange de sentiments, Charles, le plus tendre de cœur, se sacrifia toujours.

Après avoir achevé ses humanités, Charles fit son droit avec Perreyve. La science juridique ne les passionna pas. Perreyve, le jour même de sa première communion, avait résolu de se consacrer à Dieu. A l'âge de dix-neuf ans, Charles Perraud crut entendre, lui aussi, l'appel d'en-haut, et il forma le projet de devenir prêtre. Un peu plus tard, quand son frère prit la résolution d'entrer dans une congrégation, il pensa que c'était là aussi qu'il devait exercer son ministère sacerdotal. Mais les parents des deux amis voulurent mettre à l'épreuve ces jeunes vocations, et ils ne leur permirent pas de réaliser immédiatement leur désir. Ce ne fut que le 1er novembre 1853 que Charles obtint la permission d'aller rejoindre son frère à l'Oratoire restauré, rue du Regard. Perreyve y entrait avec lui.

Après son ordination sacerdotale, le 19 novembre 1857, ses supérieurs appliquèrent Charles Perraud à l'éloquence sacrée pour laquelle il semblait doué. De 1860 à 1870, il prêcha beaucoup, en province (1) et à Paris. Malgré ses succès, son bonheur religieux ne devait pas être de longue durée. Il eut la douleur d'être séparé de Perreyve. Quoique la règle de l'Oratoire ne fût pas austère, la frêle constitution de Henri ne put s'en accommoder. Il alla terminer ses études théologiques à Rome et rentra dans le Clergé parisien. Il devint successivement et rapidement second aumônier du collège Saint-Louis, vicaire à Saint-Thomas-d'Aquin et enfin professeur d'histoire ecclésiastique à la Sorbonne.

Le travail et un amour très pur, mais très

_____

(1) A la Rochelle, à Orléans, à Grenoble, à Reims, à Lyon, etc...

profond, consumèrent sa faible santé. Il s'était attaché à la fille d'un de ses amis, petite orpheline de père, qu'il avait vue grandir et qui était devenue une ravissante jeune fille. Il répétait avec désespoir : « Il n'y a donc au monde aucun pays où l'on puisse rester prêtre catholique en se mariant ! » Sur son lit de mort, il demanda instamment à revoir la petite amie qui lui avait inspiré cette passion. La mère, qui savait la nature des sentiments de l'abbé, demanda à son confesseur si elle pouvait mener sa fille lui faire visite. Le confesseur l'interdit énergiquement. Et l'agonie de Perreyve n'en fut que plus désolée. Il s'éteignit le 26 juin 1865, à l'âge de trente-quatre ans.

Le principal écrivain de l'Oratoire, le Père Gratry s'empressa de raconter sa touchante carrière (1). Il le représenta comme le prêtre idéal, et insista sur la manière dont il avait célébré le bonheur des « âmes virginales ». Le détail de son amour fut soigneusement omis. Bien qu'il aimât et vénérât Gratry, Charles

---

(1) *Henri Perreyve* (Paris, Douniol, 1866. in-8°).

Perraud ne pouvait s'empêcher de blâmer ce silence. « Il a montré, disait-il, Perreyve heureux dans son célibat. Il trompe ainsi ses lecteurs et particulièrement les jeunes gens qui entrent dans le sacerdoce. (1) »

Hélas ! à cette même époque, Charles Perraud commençait à comprendre que lui aussi, en acceptant la loi ecclésiastique, « s'était chargé d'un fardeau trop lourd (2). » Il craignit que le principal motif de sa vocation n'eût été le désir inconscient et inconsidéré de lutter dans l'amour de l'idéal avec Henri Perreyve et avec son frère. Une profonde mélancolie le saisit et lui rendit la vie de communauté intolérable. En octobre 1866, il quitta la maison des Oratoriens pour vivre à part, avec le Père Gratry (3).

______

(1) Il est intéressant de lire le livre de Gratry à la lumière de cette appréciation, notamment les passages consacrés à la question de l'erreur dans la vocation (pages ...), à la transfiguration de l'amour (pages 77-88), à la [mort] de Perreyve, mort dans une « joie sacrée » (page 85), et cependant dans la « terreur » (p. 213). Gratry n'en dit pas moins à propos de sa mort : « Il faut être singulièrement vrai en toutes choses, et surtout ici. » — Ce livre n'est pas une biographie, mais une effusion. Lettre au Père Hyacinthe, 1ᵉʳ mai 1870. ... un tranquille et bel appartement de la rue ..., n° 34.

.Dans cette retraite, dont ses prédications le faisaient sortir assez fréquemment, Charles Perraud ne trouva pas la paix. Aux approches du Concile du Vatican, une grande effervescence dogmatique et absolutiste s'empara des catholiques et, comme il était sentimental et libéral, elle le fit beaucoup souffrir. Il se sentit plus mal à l'aise que jamais dans un clergé positif et autoritaire. Quelques épisodes lui montrèrent qu'il n'y était guère à sa place. Le mercredi saint de 1869, il prononça un sermon pacifiste qui lui fut très reproché (1). Un peu plus tard, il fut blâmé publiquement, ainsi que le Père Gratry, par le supérieur général de l'Oratoire, pour avoir assisté à la Conférence de la paix (2).

____

(1) *L'Evangile de Paix*. Discours prononcé à Saint-Roch, le 24 mars 1869.

Ce discours fut prononcé en dehors de la station du carême, dans l'intérêt d'une œuvre qui n'avait pu trouver place durant la station pour un sermon et pour une quête.

(2) Cette conférence eut un grand retentissement. On croyait qu'elle pourrait empêcher la guerre qu'on disait imminente. Le 12 juin 1869, deux semaines avant la conférence, Charles Perraud écrivait à M. Frédéric Passy : « Vous savez qu'on annonce la guerre pour dans trois semaines. Je voudrais pouvoir parler et écrire *partout*

Malgré ces défaites, il conservait assez d'illu-
sions pour espérer l'abrogation du célibat
ecclésiastique. Il résolut de composer un mémoire la demandant au Concile du Vatican.
Il pensait qu'une telle mesure serait extrêmement utile. Sa conviction était si forte, disait-
il, qu'en supposant même qu'il dût mourir
aussitôt, il n'en aurait pas moins sollicité pour
les autres ce qu'il n'osait pas demander pour
lui (1). Cependant lorsqu'il vit la direction inté-
griste que prenait le Concile, il ne lui envoya
pas le mémoire qu'il avait rédigé. A la fin du
mois d'avril 1870, ayant appris que son ami,
le Père Hyacinthe Loyson allait passer quelques jours auprès de Dœllinger, il le pria de
transmettre le résumé de ses recherches et de
ses conclusions à l'illustre théologien et de
solliciter son avis sur le sujet. Le Père Hyacinthe fit la commission. Dœllinger tout imbu

---

contre cet abominable et injustifiable projet. Concertons-
nous donc entre ligueurs de la paix pour soulever d'ici
à quinze jours l'opinion publique contre cette guerre
que peut vouloir le despotisme, mais qui fait horreur
à *tous* les hommes de liberté. »

(1) Lettre au Père Hyacinthe, 1er mai 1870.

de la tradition ecclésiastique qui faisait la règle de sa vie et de ses principes, répondit simplement : « Il n'y a pas dans toute l'antiquité ecclésiastique *un seul exemple* d'un prêtre marié après son ordination. » (1)

Cette réponse dut d'autant moins satisfaire l'abbé Charles Perraud que, parmi ses nombreuses pénitentes, il avait trouvé une compagne capable d'assurer son bonheur. C'était une femme jeune encore, — elle avait un peu plus de trente ans, — et qui, outre son mari, avait perdu son fils unique, un bel enfant de sept ans (2). Comme son directeur, elle était pieuse et timorée, et ils luttèrent contre leur amour jusqu'à ce qu'il fût devenu assez fort pour leur faire considérer la loi du célibat ecclésiastique comme une disposition contre nature.

Que devaient-ils faire ? Telle fut la redoutable question qu'ils se posèrent longtemps

____

(1) Journal du Père Hyacinthe, 13 mai 1870.
(2) Rosalie-Eugénie Raymond, née à Bordeaux, vers 1837, épousa Baptiste-Elie Duval. Leur enfant, Elie, décéda le 28 février 1869, à Paris.

sans avoir le courage de la résoudre. Le Père
Hyacinthe, consulté, répondit que leur devoir
était de rompre complètement, ou de se marier
purement et simplement, honnêtement, comme
tout le monde. Ni l'un ni l'autre n'en avaient
le courage. Mais pour jouir de plus de liberté,
Charles Perraud se fit délier de ses promesses
envers l'Oratoire et il cessa de faire partie de
la Société vers le mois de juin 1870.

II

ANNÉES TERRIBLES

(1870-1872)

Lorsqu'il eut été canoniquement détaché de l'Oratoire, Charles Perraud n'en continua pas moins d'habiter avec son cher maître et ami, le Père Gratry. Celui-ci non plus n'était plus oratorien. Comme il s'était lancé à corps perdu dans la polémique contre la définition du dogme de l'infaillibilité pontificale, sa Société, plus timorée, redoutant d'être compromise par une opposition si déclarée, l'avait dégagé de ses promesses envers elle (1).

Les deux ex-oratoriens vivaient dans la plus

---

(1) Voyez sur ces incidents la *Vie de Gratry* par le Père Chauvin (Paris, Bloud, 1901) et M. E. Ledrain, *Portraits et Souvenirs*, 1869-1870, dans la *Revue Bleue*, 29 mars et 5 avril 1902.

intime harmonie. Ils s'entendaient parfaitement sur tous les sujets, et Charles Perraud n'était pas moins hostile à l'œuvre du Concile que son maître. Lorsque leur ami commun, le Père Hyacinthe, alla porter au journal la *France* sa protestation contre le dogme nouvellement défini, Charles Perraud ne craignit pas de l'accompagner, en soutane, jusque dans les bureaux de la rédaction (1).

---

(1) Cette protestation a été réimprimée dans le livre *De la Réforme Catholique* (1874), p. 27-31.

Le journal du Père Hyacinthe porte les preuves de l'entente parfaite qui existait alors entre lui et Charles Perraud. Voici des extraits de ce document :

1er juin [1870]. — Déjeuner chez le P. Gratry. Fait avec lui et le P. Charles Perraud une lettre pour l'*Univers*.

11 juin. — Dîner chez l'abbé Bernard, aumônier de l'Ecole Normale, avec le P. Charles Perraud.

28. — Fondation en ma personne d'un ordre nouveau, l'*Ordre de la Vérité*. Son esprit doit consister dans un dévouement absolu et pratique au règne de la Vérité parmi les hommes. Sa devise est : *Dieu et l'Humanité en Jésus-Christ*.

5 juillet. — Le P. Charles Perraud s'est offert à Dieu avec moi dans l'*Ordre de la Vérité*. Nous avons dit le *Notre Père* à genoux ensemble devant l'autel de la chapelle domestique du Père Gratry.

9 juillet. — Conversation avec le P. Charles Perraud sur le bréviaire.

28. — Préparé ma protestation contre l'infaillibilité du Pape. Visite à l'Archevêque de Paris à qui je l'ai lue.

La guerre avec l'Allemagne mit bientôt à l'arrière-plan les discussions théologiques. Le fils du soldat de Waterloo regretta de ne pouvoir prendre le fusil, mais il prêta le concours qu'il pouvait, et quand, au début du siège de Paris, on eut mobilisé la garde nationale pour former des bataillons de marche, il offrit ses services d'aumônier militaire au colonel du 17ᵉ bataillon qui les accepta avec empressement.

« Le bataillon assista, le 2 décembre, au combat de la gare aux Bœufs, et durant plusieurs semaines, il fut chargé du service des avant-postes aux environs de Vitry. Pendant tout ce temps, l'aumônier se montra admirable d'entrain et de courage. Il charmait le corps des officiers par son esprit et sa gaieté, et il passait

---

Dîner chez le P. Gratry. Conversation avec l'honnête et courageux Charles Perraud.

20. — Ma protestation contre le prétendu dogme de l'infaillibilité du Pape a paru ce soir dans la *France*, et paraîtra demain matin dans les *Débats*. Je suis très ému, mais très paisible. Plein de joie. Un grand devoir accompli. Je me sens à la fois si libre et si catholique ! Le P. Charles Perraud m'a accompagné aux bureaux de la *France* quand j'y ai porté ma protestation.

des journées à visiter les escouades dans leurs cantonnements, rendant aux hommes tous les petits services qui étaient en son pouvoir.

« Le 19 janvier 1871, le 17ᵉ bataillon de marche prit une part active à la bataille de Buzenval. Conduit par son vaillant colonel, il était en tête de la colonne d'attaque qui enleva le parc de ce village. Ce jour-là, l'abbé Perraud eut, comme tous les officiers, et les soldats du bataillon, sa part d'héroïsme et de dévouement. Dès trois heures du matin, il s'était mis en marche avec les troupes, et vers le milieu de la nuit, il était encore à son poste dans la ferme de la Fouilleuse où était établie l'ambulance. » (1)

La guerre de France laissa dans l'âme patriotique de Charles Perraud une blessure inguérissable. Peu de temps après, il souffrit

______

(1) Ces détails furent donnés par le colonel lui-même, M. de Crisenoy, à M. l'abbé Lacroix qui les a cités dans une conférence faite en l'église Saint-Ambroise le 10 mars 1892 : *M. l'abbé Charles Perraud, sa vie et ses œuvres* (Paris, Chapelliez, 1892, in-8°, 31 p.). M. Lacroix plus tard évêque de Tarentaise (1901-1907), avait remplacé Charles Perraud comme conférencier à Saint-Ambroise.

dans ses affections privées d'une autre grande douleur : la mort du Père Gratry.

Les derniers mois du philosophe furent misérables. Atteint d'une grave maladie, il se rendit à Montreux pour s'y soigner. Seul, sans grand argent, dépourvu de sens pratique, il tomba bientôt dans un état pitoyable. Des dames charitables remarquèrent ce prêtre qui paraissait abandonné et s'occupèrent de l'installer confortablement. Déprimé par la maladie, harcelé par les lettres du Père Adolphe Perraud qui le suppliait sans cesse de se soumettre aux définitions du Concile, Gratry finit par écrire au nouvel archevêque de Paris, Mgr Guibert, l'expression de son adhésion. La voici :

Montreux, canton de Vaud (Suisse).

25 novembre 1871.

MONSEIGNEUR,

Si je n'étais fort malade et incapable d'écrire une lettre, je vous aurais déjà, depuis bien des jours, adressé mon hommage de bienvenue.

Je veux, du moins aujourd'hui, Monseigneur,

vous dire simplement ce qui, ce me semble, n'avait pas besoin d'être dit, savoir que j'accepte comme tous mes frères dans le sacerdoce, les décrets du Concile du Vatican. Tout ce que, sur ce sujet, avant la décision, j'ai pu écrire de contraire aux décrets, je l'efface.

. Veuillez, Monseigneur, m'envoyer votre bénédiction et prier pour moi.

A. GRATRY,
Prêtre du diocèse de Paris.

A peine eut-il envoyé cette adhésion qu'il éprouva le besoin de l'expliquer à ceux qui avaient admiré son opposition. Le 28 novembre, il écrivait à M. Legouvé, son collègue à l'Académie Française :

J'ai combattu l'infaillibilité inspirée, le décret du Concile repousse l'infaillibilité inspirée. J'ai combattu l'infaillibilité personnelle, le décret pose l'infaillibilité officielle. Des écrivains de l'école que je crois excessive, ne voulaient pas de l'infaillibilité *ex cathedra* comme étant une limite trop étroite : le décret pose l'infaillibilité *ex cathedra*. Je craignais presque l'infaillibilité scientifique, l'infaillibilité politique et gouvernementale : or, le décret ne pose que l'infaillibilité doctrinale, en matière de foi et de mœurs.

Tout cela ne veut pas dire que je n'ai pas commis d'erreurs dans ma polémique. J'en ai commis, sans doute, et sur ce sujet et sur d'autres, mais dès que je connais une erreur, je l'efface et ne m'en sens point humilié (1).

---

(1) Cette lettre a été publiée pour la première fois intégralement par le Père Ingold dans *Demain*, 22 février 1907. Le Père Chauvin et le Cardinal Perraud dans leurs *Vie de Gratry* n'en avaient donné que la partie la moins intéressante.

Dans la *Revue internationale de Théologie*, avril 1907, M. le Docteur E. Michaud apprécie ainsi ce document :

« Sur ces déclarations parfaitement respectables, d'autant plus respectables qu'elles étaient d'un mourant, déprimé par la maladie et par les conseils d'amis débilitants, on peut remarquer : 1° qu'il a pris indifféremment les mots « décision » et « décret », et qu'il n'a prononcé ni le mot « définition », ni le mot « dogme » ; ce n'est donc à ses yeux, qu'une décision de décret ; — 2° que le mot « effacer », employé à dessein pour caractériser sa « soumission » au décret n'est nullement synonyme de rétracter, encore moins de réfuter; — 3° qu'il insiste sur ce que l'infaillibilité « doctrinale en matière de foi et de mœurs », n'est ni scientifique, ni politique, ni gouvernementale, ni inspirée, ni personnelle, mais simplement officielle et limitée par l'*ex cathedra* et il se garde bien d'indiquer les conditions de l'*ex cathedra* — 4° que son unique intention a été de ne pas « se séparer de l'Eglise »; il ne dit pas du pape, ni de la papauté, ni même de l'Eglise romaine, mais seulement *de l'Eglise*. Gratry confondait-il *l'Eglise* tout court avec le pape et avec la papauté ? Certainement non. Avec l'Eglise romaine ? Peut-être. Peut-être n'avait-il pas encore, comme c'était encore le cas ordinaire en France en 1871, étudié à fond les causes de cette distinction. En tout cas, la confusion, en soi, est grave, et aujourd'hui elle n'est plus de mise. Il est évident que l'Eglise romaine n'est qu'une Eglise particulière, qu'elle n'est même pas l'Eglise catholique d'Occident, donc qu'elle n'est pas l'Eglise catholique. »

Le 9 janvier, il adressait spontanément ces mots à Dœllinger, qui ne lui avait pas écrit depuis sa rétractation (1) :

CHER, DIGNE ET HONORABLE AMI,

Je sais profondément ce que je fais, et j'adore la vérité seule. Je vous demande d'être absolument convaincu de cela. Je le démontrerais d'une manière éclatante, si je pouvais travailler. Mais ce billet épuise à peu près ma force d'une journée. Dites cela au P. Hyacinthe. Je le répète fièrement : *Serviteur et adorateur de la vérité seule*, voilà ce que je suis depuis mon enfance jusqu'aujourd'hui.

Je vous salue bien cordialement.

A. GRATRY.

Le 11 janvier, il écrivait pareillement à M. Frédéric Passy (2) :

---

(1) Dans sa *Vie de Gratry*, par une confusion difficile à expliquer dans un historien ordinairement exact, le Père Chauvin attribue (page 457) à Dœllinger une lettre du Père Hyacinthe, datée du 23 décembre 1871 et publiée par le Père Hyacinthe dans son livre *De la Réforme catholique*, pp. 46-49.

Le Père Chauvin attribue également (p. 458) au Père Hyacinthe une lettre dont il n'est pas l'auteur. Le Père Hyacinthe n'écrivit qu'une lettre à Gratry, au mois de décembre 1871, celle du 23. Il ne reçut pas de réponse directement ; mais il eut une réponse indirecte dans la lettre de Gratry à Dœllinger, que je cite ici.

(2) Lettre inédite.

Cher Ami,

Ne jugez pas. Je sais profondément ce que je fais, et je n'ai aucune lutte dans la conscience, et *j'adore la vérité seule*.

Cela serait pour vous clair comme le jour, si j'avais quelques heures de travail possible.

Mais ce billet est à peu près tout ce que je puis faire en un jour. Je ne puis dicter. Soyez béni et ne jugez pas sans entendre.

A. GRATRY.

Le 20 janvier, il écrivait à Madame Mériman, la lettre suivante :

Montreux, Canton de Vaud (Suisse).

le 20 janvier 1872.

Oh ! amie et sœur, quelle joie pour moi que votre lettre !

Sauf un mot que je ne comprends pas, ou n'admets pas.

Vous savez ma plainte perpétuelle depuis notre séparation.

Je gémis de ne pas vous avoir rendue semblable à moi ; de ne pas vous avoir inoculé toutes mes convictions.

Mais grâce à Dieu je vous retrouve. Je craignais de vous retrouver dure et cassante.

C'est pourquoi depuis près d'un mois j'évitais de vous écrire. Mais, grâce à Dieu, vous voilà ! Fille du Ciel.

J'ignorais votre maladie. Hélas ! Hélas ! pour moi je puis encore peut-être me guérir, mais je n'y compte pas beaucoup. Je souffre cruellement.

Mais vous, j'espère que vous vivrez.

Vivez et sachez bien et tenez ferme ceci : c'est plus vrai que personne ne le sait. Je suis depuis mon enfance, le serviteur fervent, l'adorateur scrupuleux de la Vérité seule, et cela jusqu'à mon dernier jour. Sachez bien cela et réjouissez-vous.

Je sais profondément ce que je fais, et j'adore ma sainte épouse, *la Vérité.*

Je n'ai pas été tué par le côté moral (1). Là, j'ai dans la paix, dans la sérénité, dans la science une force de résistance énorme. La chute de la France, au dehors et au-dedans, m'ont (*sic*) bien fait mal en effet, mais les choses de l'église, je m'y attends depuis ma jeunesse, et je distingue ce qu'il faut maintenir, et ce que Dieu détruira radicalement.

A. GRATRY.

------

(1) M. Hyacinthe Loyson annotait ainsi cette phrase : « Je pense qu'en ceci, le Père Gratry se faisait illusion. Ses amis se rappellent ce qu'il disait au temps de ses courageuses *Lettres : Ils me condamneront et j'en mourrai.* » (*De la Réforme catholique,* p. 56).

Je vous bénis du fond du cœur. A revoir au ciel, en tous cas (1).

Lorsqu'il eut appris la gravité de l'état dans lequel était tombé le Père Gratry, Charles Perraud accourut auprès de lui. Le 17 janvier, il arrivait à Montreux. Cinq jours plus tard il adressait à M. Frédéric Passy, la lettre suivante (2) :

Le 22 janvier 1872.

Cher Monsieur,

Le P. Gratry auprès duquel je suis venu m'établir depuis quelque temps me charge de vous écrire, et je suis très heureux qu'il veuille bien me confier cette mission.

Quant aux nouvelles que j'ai à vous donner du pauvre malade, elles sont, hélas, aussi tristes que possible.

Chaque jour le mal fait des progrès appréciables : la difficulté d'avaler et de parler augmente : La tumeur ne cesse de grossir, et, sans un miracle, l'issue fatale, et peut-être

---

(1) Cette lettre a été publiée en partie par M. Hyacinthe Loyson dans son livre : *De la Réforme catholique*, p. 56. Je reproduis ici la copie qu'il en a prise dans son journal à la date du 17 février 1872.
(2) Lettre inédite.

prochaine, est inévitable. Les souffrances aiguës ne sont pas continuelles, mais quelle terrible angoisse morale !

Jusqu'ici le P. Gratry est vraiment admirable de résignation, de douceur et de courage.

Sa grande et belle intelligence a conservé toute sa lucidité. Il s'occupe toujours des questions d'idées, et sans l'extrême difficulté qu'il éprouve à parler, il faudrait faire avec lui beaucoup de théologie.

A ce point de vue, il me charge de vous demander quelques explications au sujet de ce que vous lui avez dit dans votre dernière lettre au sujet de M. L. Veuillot et des libertés qu'il aurait prises récemment en parlant du Pape. Le P. Gratry m'a demandé ce que je savais là-dessus et j'ai dû lui avouer que je ne savais rien du tout.

Vous ferez un acte de charité, cher Monsieur, en répondant au Père le plus tôt possible et en lui envoyant aussi les articles de L. Veuillot, si vous les possédez. Notre pauvre malade n'a pas encore perdu tout espoir de guérison, veuillez donc, en lui écrivant, vous mettre, vous aussi, à ce point de vue.

Ai-je besoin de vous demander de prier pour lui. Dieu est tout puissant : il pourrait nous conserver encore cette grande et belle âme. Dans tous les cas demandons que la grâce de cette paix surnaturelle dans laquelle il vit et il souffre lui soit conservée jusqu'à la fin.

Croyez, cher Monsieur, à mes sentiments bien affectueux et dévoués.

CHARLES PERRAUD...

Cette adresse suffit :

Le R. P. Gratry,

à Vernex-Montreux, Suisse.

P.-S. — Le Père Gratry me charge de vous dire qu'il vient d'achever un petit écrit dans lequel il explique les raisons et surtout la mesure de sa soumission au décret du Concile. Il avait déjà donné en abrégé ces explications dans une lettre à M. Legouvé (lequel malheureusement n'a pas voulu consentir à la publication de cette lettre, sans que j'aie pu deviner pourquoi). Pour moi qui n'étais pas auprès du P. Gratry, lorsqu'il a envoyé sa lettre à l'archevêque de Paris, je regrette extrêmement qu'il ait commencé par là, tandis qu'il aurait fallu commencer par la publication de l'écrit que je viens de lire depuis peu de jours. Il y a là des précisions et des distinctions d'une très grande importance, surtout dans une question où toute nuance a une valeur considérable. On se tromperait du tout au tout en croyant que le

2.

P. Gratry a mis l'évidence sous ses pieds. Puisse Dieu lui laisser le temps de dire sur ce sujet tout ce que je sais qu'il voudrait dire !

L'état du malade ne laissa bientôt plus d'espoir. Charles Perraud avertit son frère qui arriva le 30 janvier. Gratry expira entre leurs bras le 7 février.

Que devinrent ces explications suprêmes auxquelles Gratry tenait tant ? Son héritier littéraire, Adolphe Perraud, s'est bien gardé de jamais les publier, même dans la brochure qu'il eut l'idée d'intituler son « testament spirituel » (1).

______

(1) *Le P. Gratry, ses derniers jours, son testament spirituel* (Paris, Douniol, 1872, in-8°).

III

LE MARIAGE SECRET

(1872-1873)

A la mort de Gratry, Charles Perraud se sentit définitivement orphelin. La solitude l'accabla. Après quelques mois d'une horrible lutte contre ses scrupules, il résolut de se marier, sinon publiquement, du moins « devant le Seigneur ».

Un matin du mois de juillet 1872, Madame Duval, c'était le nom de son amie, communia de sa main, et immédiatement après la messe, alla le voir à la sacristie où il lui donna une bénédiction qui était censée le sceau de leur union (1). Ils partirent ensuite pour faire, à

---

(1) Je ne connais qu'un précédent à cette idée de bénir soi-même son mariage : celui d'Urbain Grandier, curé de Loudun qui se maria lui-même, une nuit, dans son église paroissiale de Saint-Pierre de Loudun, avec Madeleine de Brou.

Bruxelles, un petit voyage qui dans d'autres circonstances, se serait appelé « de noces ». Le Père Hyacinthe qui était alors décidé à donner l'exemple d'un mariage légal, mis au courant et consulté derechef par son ami, lui adressa la lettre suivante :

Paris-Passy, 3 août 1872.

Mon bien cher Ami,

Votre lettre m'afflige profondément. Je ne vous aimerais pas comme je vous aime, si je ne vous parlais en toute franchise et sincérité. Pardonnez-moi donc et écoutez-moi.

Vous manquez de volonté, j'allais presque dire de conscience. Vous craignez de vous mettre en lutte avec l'Eglise, et vous ne voyez pas que vous vous mettez en lutte avec Dieu !

Vous savez que je ne vous ai jamais poussé à aucun degré vers cette grande et solennelle détermination. Je vous ai dit au contraire que si vous pouviez faire généreusement et irrévocablement le sacrifice réel et pratique de vos rêves, cela était mieux peut-être, eu égard aux hésitations et aux défaillances de votre caractère. Ce à quoi je vous ai poussé uniquement, c'est à prendre une *décision*. Ce que j'ai condamné et ce que je condamne encore, c'est cet état malsain, c'est ce marasme coupable, selon moi, où je voyais se consumer deux âmes. Plaise à Dieu ! que vous n'y retombiez pas bientôt, pour ne plus en sortir. Quand vous êtes parti de Paris, sans avoir le courage de votre acte, et sans vouloir pour lui le caractère de légalité et de dignité qu'il y fallait, je ne vous ai pas caché ma tristesse, ni ménagé mon blâme. Je craignais, comme il est arrivé, que Dieu ne bénît pas une telle conduite (1). J'espérais toutefois dans vos réflexions, et bientôt

---

(1) Madame Duval était tombée malade à Bruxelles. — Le 23 avril 1907, à propos de cette lettre que je venais de lui faire relire, M. Hyacinthe Loyson m'écrivait :

« Il serait absurde de faire remonter à Dieu la responsabilité du martyre incessant et stérile que subirent mes deux amis. Il ne serait même pas juste de l'attribuer uniquement à la loi du célibat ecclésiastique.

« Si Charles Perraud, dominé par la force des préjugés « catholiques » dont il ne pouvait se déprendre, se croyait lié par l'obligation du célibat, il fallait qu'il s'y résignât vaillamment, sans chercher à l'éluder par un mariage secret qui ne pouvait lui donner ni la paix de l'âme, ni la joie du cœur. Si, au contraire, comme il le pensait au fond, il était dans son droit d'homme et de chrétien en épousant celle qu'il aimait honnêtement, il devait mettre sans hésiter la loi de Dieu au-dessus de celle des hommes. La vérité est que les souffrances atroces dans lesquelles s'est consumée sa vie fut l'œuvre d'une volonté trop faible pour un acte de devoir difficile, peut-être même héroïque.

« J'ai blâmé mon ami : je l'ai plaint surtout : je ne l'en ai pas moins aimé, je dirai presque vénéré. »

une lettre de vous venait me confirmer dans mes espérances. Vous m'y parliez « de devoirs nouveaux que vous avez contractés *devant Dieu et qui priment tous les autres devoirs qui d'un jour à l'autre peuvent s'aggraver encore* et devant l'accomplissement desquels, *coûte que coûte,* vous ne *reculerez pas* ».

Et voilà qu'à quatre ou cinq jours de distance, tout cela semble oublié ! Vous perdez la tête et le cœur devant l'opposition de vos amis que vous deviez prévoir, et que vous allez justifier ; et vous vous disposez à rentrer à Paris, comme un écolier, après une escapade ! Et quelle escapade !

Au lieu de soutenir et d'éclairer votre amie, en lui cachant vos propres troubles, vous ajoutez vos faiblesses au poids de ses faiblesses, et vous contribuez à abîmer dans de folles terreurs cette conscience encore mal éclairée !

Et c'est là ce qu'on appelle la *morale catholique, la conscience sacerdotale,* on ne s'apercevant pas que l'on ne peut pas faire une plus grande injure à l'Église et au sacerdoce !

Je resterai votre ami jusqu'à la fin, rien ne me séparera de votre pauvre âme, victime de sa propre faiblesse, mais si *droite* et si *généreuse* ! Comptez sur mon affection jusqu'à la mort, mais si vous entrez dans cette voie qui n'est pas digne de vous et qui sera sans issue, épargnez-moi, je vous prie, et ne me demandez plus de conseils !

J'ai retardé mon départ jusqu'au mercredi matin 7 août. Si vous désirez me voir, vous en avez encore le temps et si vous voulez passer incognito, je vous offre la moitié de mon petit appartement.

Pour moi, je vais faire une assez longue absence et qui sera probablement marquée par un grand acte. Loin de m'arrêter, la triste et faible aventure, dont je suis le confident, me donnerait des forces nouvelles.

Adieu, cher bon et pauvre ami, je vous embrasse avec la plus grande tendresse et je suis tout à vous dans le Seigneur.

HYACINTHE.

Ce fut à Bruxelles que l'abbé Charles Perraud connut par les journaux la lettre retentissante dans laquelle M. Hyacinthe Loyson crut devoir donner au public des explications sur le mariage qu'il contracta légalement et publiquement à Londres :

Obstinément fidèle aux principes de l'Eglise

catholique, disait-il, je ne me suis en aucune manière lié par ses abus, et je me suis persuadé que les vœux perpétuels sont au rang des plus funestes. L'erreur de Luther n'a pas été dans ce chaste et pieux mariage que devraient imiter la plupart de ceux qui le maudissent : elle est uniquement dans sa rupture avec les traditions légitimes et avec l'unité nécessaire de l'Eglise...

Oui, j'en suis convaincu, la France, comme l'Eglise, a besoin de l'exemple que je donne, et dont l'avenir, à défaut du présent, recueillera les fruits. Je connais le véritable état de mon pays, et, lorsqu'il voulait bien écouter ma voix, je n'ai cessé de lui prêcher le salut par la famille. Ecartant sans pitié les voiles somptueux et trompeurs de sa prospérité d'alors, je mettais à nu les deux plaies qui le rongent et qui s'engendrent l'une l'autre, « le mariage hors de l'amour et l'amour hors du mariage, ce qui revient à dire le mariage et l'amour hors du christianisme (1) ».

Je connais aussi le véritable état de notre Clergé : je sais ce qu'il renferme de dévouements et de vertus, mais je n'ignore pas com-

____

(1) Conférences de Notre-Dame, sur la famille, année 1866.

bien il a besoin, dans un grand nombre de ses membres, d'être réconcilié avec les intérêts, les affections, les devoirs de la nature humaine et de la société civile. Ce n'est qu'en s'arrachant aux traditions d'un ascétisme aveugle et d'une théocratie plus politique que religieuse, que le prêtre, redevenu homme et citoyen, se retrouvera en même temps, plus véritablement prêtre. « Qu'il gouverne bien sa propre maison, dit saint Paul, tenant ses enfants dans la soumission et dans toute sorte d'honnêteté ; car, si quelqu'un ne sait pas conduire sa famille, comment pourra-t-il gouverner l'Eglise de Dieu ? (1)

Telle est la réforme sans laquelle, j'ose le dire, toutes les autres seront illusoires et stériles. Laissons l'esprit de Dieu, si nous croyons à sa vertu, maintenir au milieu de nous une élite de prêtres et de filles de la charité, dont le célibat, toujours libre et toujours volontaire, soit réellement un état de pureté, un état de joie ou tout au moins de paix dans le sacrifice ! Mais, en même temps, hâtons le moment où la loi de l'Eglise, et celle de la France constitueront dans la liberté, dans la chasteté, dans la dignité, le mariage du prêtre, c'est-à-dire la

---

(1) I Timothée, III, 4, 5.

3

concentration dans un foyer modèle, de toutes les forces de la religion ! (1)

Charles Perraud écrivit à son ami la lettre suivante, dans laquelle il usait de quelques artifices d'expressions pour éviter toute indiscrétion, au cas où elle se fût égarée :

J'ai lu comme tout le monde, la lettre par laquelle vous avez annoncé votre décisive démarche. Je plains notre ami Z (2) d'être dans *l'impossibilité de toute part* d'agir lui aussi au grand jour, mais, comme il vous l'a dit déjà, sa situation est différente de la vôtre, et sa conscience, dès lors, lui impose des devoirs différents. Quoi qu'il en soit, vous savez à quel point il est de cœur avec vous, et aussi à quel point il espère pour nous, pour lui, pour un grand nombre d'autres, en un avenir meilleur et plus conforme aux vrais intérêts du catholicisme. Pour ma part, je vous félicite de tout mon cœur de la netteté de langage avec laquelle vous affirmez que vous entendez demeurer catholique. Plus je réfléchis et plus je me

---

(1) Cette lettre, datée du 25 août 1872, fut publiée par le *Temps* le 3 septembre, jour où M. Hyacinthe Loyson contractait son mariage à Londres.
(2) Charles Perraud.

convaincs que la vérité est là. Combattre avec une indomptable énergie les abus de l'Eglise, aimer, défendre et servir l'Eglise elle-même avec une énergie non moins indomptable. Z me charge de vous dire qu'il souffre d'être obligé de rester *provisoirement* vis-à-vis de vous dans un certain mystère, — il n'est pas libre sur ce point, — mais il compte que plus tard tout s'éclaircira. Malheureusement il est depuis des années dans un état d'épuisement tel qu'il ne désire et ne demande, lui, que ce qu'il appelle une démission honorable et une retraite méritée. Il aimerait, mieux que tout, l'oubli et le silence, au moins jusqu'à ce que force et santé lui soient un peu revenues. Aussi la réforme qu'il demanderait, s'il écrivait, serait moins radicale et surtout moins immédiate que la vôtre. Mais enfin chaque âme mue par la lumière de sa conscience et l'appel de Dieu, marche du pas qu'elle peut.

Je vous demande de continuer à bien prier pour nous, et je demande à Dieu de vous donner toute bénédiction (1).

____

(1) Lettre datée de Bruxelles, 7 septembre 1872. — Le 19 septembre suivant, M. Hyacinthe Loyson, se rendant à Cologne, pour l'assemblée des anciens catholiques, vit à Bruxelles, en passant, l'abbé Perraud et son amie. « Ils font, écrit-il dans son journal, le voyage de leurs noces secrètes, ou plutôt leur folle et douloureuse *esca-*

Le mariage de Charles Perraud ne fut pas heureux. Si l'affection y fut uniformément constante, elle fut constamment troublée par la crainte que le public ne suspectât la nature des relations de l'abbé et de celle qui passait pour tenir sa maison. De plus, Madame Duval n'avait pas de fortune et Charles Perraud aurait voulu lui assurer l'aisance, dont il se serait plus facilement passé pour lui-même. Or, des névralgies non seulement l'empêchaient de prêcher, mais encore l'induisaient à de coûteux voyages de distractions. Ces voyages amenaient quelquefois des séparations, mais, après comme avant, les deux époux reprenaient leur douce et triste cohabitation. Au retour d'une excursion qu'il avait faite en Italie en 1873, Charles Perraud écrivait à Monsieur Hyacinthe Loyson :

23 juillet 1872.

Mon cher Ami,

Il y a déjà six mois que je ne vous ai

---

pade. » Madame Duval était encore souffrante. M. Loyson les visita dans leur chambre d'hôtel à deux lits jumeaux. L'entrevue fut triste et solennelle.

écrit (1). Bien souvent, j'ai voulu le faire, et
toujours le courage m'a manqué. A force d'être
écrasé par le malheur et la souffrance, on arrive à une sorte d'anéantissement où toute
activité devient comme impossible. Le peu
d'énergie qui reste, on doit le déployer chaque
jour pour lutter contre le suprême désespoir
et pour repousser les flots d'amertume ou de
colère qui menacent de tout inonder. Alors on
s'enveloppe instinctivement dans un silence
morne, dans une solitude amère, comme ces
animaux blessés qui s'enfuient et vont mourir seuls au fond des forêts. On a raison, d'ailleurs, dans un certain sens, d'abord parce
qu'il est inutile de parler d'un mal auquel
personne ne peut apporter de soulagement, et
aussi parce qu'il vaut mieux ne pas attrister
sans profit ceux qui vous aiment. X et Z, pour
des motifs que je ne puis vous exposer,
n'avaient à choisir qu'entre divers genres de
mort ; ils ont décidé d'un commun accord
d'essayer de nouveau celui auquel une souf-

---

(1) La lettre à laquelle Charles Perraud fait ici allusion
a été détruite ou perdue. Le journal de M. Hyacinthe
Loyson en conserve l'extrait suivant qu'il copia au moment où il la reçut de Vérone, le 5 février 1873 :

« Je vous remercie de vos prières ; je vous demande
instamment de me les continuer. Les souffrances pour
X et Z sont et *seront* telles, *quoi qu'il arrive*, que Dieu
leur ferait miséricorde en les appelant bientôt à lui. »

france poussée jusqu'au paroxysme les avait violemment et subitement arrachés, il y a un an.

Dans la dernière lettre que vous avez adressée à X (1), vous lui disiez : « Je renonce à avoir un avis sur votre situation, et surtout à vous conseiller. » En effet, il n'y a que Dieu qui connaisse les complications *inouïes* d'une infortune qui, je le vois maintenant ne se terminera qu'à la mort.

Pourquoi Dieu permet-il ces existences où une douleur atroce va toujours croissant jusqu'à ce qu'elle tue ? C'est une question que se posent chaque jour avec angoisse des milliers de pauvres êtres humains.

Dans les derniers temps de mon voyage, je rencontrais souvent un malheureux qui avait la figure à moitié rongée par un cancer. D'une main il tenait un mouchoir avec lequel il s'efforçait de cacher sa hideuse plaie, et quand cette main était trop fatiguée, il soutenait son mouchoir de l'autre. Que de fois, la vue de ce misérable a arrêté le murmure dans mon cœur et sur mes lèvres ! Je le regardais de loin, je priais pour lui, et ne pouvant plus ni morale-

---

(1) Charles Perraud.

ment, ni matériellement prolonger ce douloureux et solitaire voyage, me préparant à reve-
nir ici comme un soldat marche à un combat
où il croit qu'il sera tué, je me disais : Toi
aussi tu vas changer de main !

Z (1) est encore malade en ce moment d'un
rhumatisme aigu, et n'a pas quitté son lit depuis près de trois semaines. L'amélioration
commence depuis quelques jours seulement,
mais quand l'âme est à l'agonie, le corps gué-
rit bien difficilemnet.

Cependant Z me déclare encore qu'il lui
serait impossible d'accepter et de soutenir la
situation beaucoup moins douloureuse cependant où sont des amis que vous connaissez (2).
En effet, sauf la ressemblance de ces deux affections si profondes, si indestructibles de part
et d'autre, tout le reste est absolument différent dans la situation de X et de Z et dans
celle de leurs amis.

La seule issue pour X et Z, celle qu'ils
avaient follement rêvée, eût été qu'on acceptât
à R... (3) la démission de X. Si jamais pareil

____

(1) Madame Duval.
(2) M. et Mme Hyacinthe Loyson. — Ils ne considé-
raient pas leur situation comme douloureuse.
(3) Rome.

miracle arrivait, ils pourraient avoir encore quelques années de paix, sinon de bonheur en cette vie. Mais hélas ! le monde religieux, pas plus que le monde politique, ne veut entendre parler d'utiles progrès, ni de pacifiques réformes.

Votre conférence sur l'*Ultramontanisme et la Révolution* (1), la seule que j'aie eu l'occasion de lire, ne peint que trop fidèlement cette lamentable et dangereuse oscillation entre deux extrêmes presque également fatals à l'humanité tous les deux.

Croyez bien qu'en dépit des distances, des séparations, des obstacles de toute sorte qui sont entre nous, l'amitié n'est ni ébranlée ni atteinte. Les âmes peuvent être près les unes des autres à travers le silence et l'éloignement, comme elles sont souvent très éloignées avec toutes les apparences et dans toutes les conditions de l'intimité.

Nous prions Dieu pour vous. Demandez-lui aussi qu'il nous préserve du malheur de douter de sa bonté en faisant remonter jusqu'à

---

(1) Discours prononcé le 17 juin 1873 devant les Français résidant à Genève et publié en brochure. Il a été réimprimé dans le volume *Ni cléricaux, ni athées* (Paris, Marpon et Flammarion, 1889).

lui ce qui est le fait de l'aveugle et impitoyable dureté des hommes. Priez pour que notre agonie des jours et des nuits ne soit pas perdue à ses yeux, mais qu'elle aille grossir ce trésor d'expiation universelle où ont aussi leur part tant de pauvres êtres meilleurs et plus innocents que nous.

Donnez-moi de vos nouvelles et de votre famille. Si nous devons vivre séparés encore pendant les jours qui nous restent, j'espère que nous nous retrouverons à jamais avec ceux que j'ai perdus, et dont l'absence pèse chaque jour plus douloureusement sur mon âme.

Mes respectueux compliments à Madame.

Je vous embrasse de cœur.

IV

LA REFORME CATHOLIQUE

(1873)

Il est vraisemblable que si un enfant fût né
de leur union, Charles Perraud et Madame Duval eussent compris autrement leur devoir,
qu'ils se fussent mariés, quittes à se retirer,
comme le disait Charles, dans une lointaine
contrée du globe, l'Amérique ou l'Australie.
Mais voyant que leur union restait stérile, ils
étaient décidés à ne point recourir à ce
moyen extrême. Timide et délicate, Madame
Duval ne voulait pas causer de scandale.
Quant à l'abbé, sa prudence était beaucoup
moins motivée par des raisons personnelles
que par l'affection qu'il portait à son frère.

Adolphe était devenu l'un des principaux
membres de l'Oratoire et un candidat sérieux

à l'épiscopat, Charles, qui l'aimait profondément et qui le savait désireux d'honneurs, n'aurait pas voulu briser sa carrière.

Or, quelle qu'eût été sa résolution, elle devait nuire à son frère. S'il se fût décidé à partir pour l'étranger, il était trop en vue pour que son exil passât inaperçu. Il pouvait moins encore arborer le drapeau d'une réforme religieuse plus ou moins radicale, en imitant M. Hyacinthe Loyson qui essayait à Genève de fonder une Eglise « catholique libérale ».

L'un des prêtres qui était allé se joindre à M. Hyacinthe Loyson ayant fait visite à l'abbé Perraud, celui-ci lui parla avec une liberté assez grande pour en concevoir plus tard quelques craintes. Il crut donc devoir en écrire à son ami 1) :

... Nous avons longuement et amicalement causé avec cet ecclésiastique. Seulement j'ai oublié de lui recommander un secret absolu à mon sujet, et je vous prie de lui transmettre le

---

(1) Lettre datée du 3 septembre (1873).

plus tôt possible ma recommandation. Il m'a paru du reste intelligent et capable de discrétion, et c'est probablement pour cela que je n'ai pas songé à lui dire ce qu'il a, j'en suis sûr, compris et pratiqué déjà de lui-même. Mon intérêt à moi n'est pas tant encore ce qui me préoccupe, que celui de mon frère auquel il ne faut pas que je brise la route au moment même où tout le monde pense qu'il va arriver à l'Episcopat. Du reste, je ne suis entré avec ce M^r dans aucune confidence personnelle, mais il a pu voir clairement deux choses (au moins) : d'abord mon opinion théorique sur le célibat *forcé à perpétuité*, et puis mon découragement et le désir que j'aurais de pouvoir finir ma vie dans le repos et en dehors de toute préoccupation, de toute querelle religieuse et surtout ecclésiastique...

J'ai été très heureux de savoir Madame L. en bonne santé : je lui souhaite de tout mon cœur une heureuse délivrance. Z (1) vous remercie de votre souvenir et de l'hospitalité que vous lui offrez ainsi qu'à X (2) ; mais il leur est absolument impossible d'accepter votre aimable invitation. X envie votre bonheur, mais

---

(1) Madame Duval.
(2) Charles Perraud.

dans les étranges complications où il se trouve de toute part, je doute qu'il puisse jamais arriver en cette vie à un peu de satisfaction et de repos. Il ne faut pas oublier d'ailleurs ce qu'il vous disait dès le commencement de ses relations avec vous, c'est qu'au lieu de ressentir, comme vous, l'attrait d'un apostolat réformateur, il croyait s'être complètement trompé en se faisant prêtre, et qu'il ne désirait que le retour à la vie laïque. Cette disposition d'âme complique beaucoup les difficultés, parce qu'alors il faudrait avoir une fortune personnelle qui lui manque. Je vois souvent ces deux infortunés, et au fond je crois que Dieu leur ferait une grande grâce en les rappelant le plus tôt possible à lui.

Quant à moi, je tâche toujours de surmonter mes maux de tête si fréquents et si fatigants, mais je n'avance que bien lentement dans l'examen, la correction, la copie, etc., etc. de ces manuscrits qu'il faut cependant tâcher d'utiliser (1).

Veuillez me rappeler au souvenir de Ma-

---

(1) Les manuscrits de Gratry, légués à Adolphe Perraud. Ils ont été publiés en deux volumes de *Souvenirs de ma jeunesse* et *Méditations inédites* (1874). Charles fit presque tout le travail de l'édition, mais pour le compte de son frère et sous son autorité.

dame L. et croire à ma sincère et constante affection.

Je vous transmets une lettre de X.

La lettre transmise portait les réflexions de Charles Perraud sur l'organisation que M. Hyacinthe Loyson donnait à son église :

Mon cher ami,

Depuis notre conversation avec la personne qui a été vous rejoindre, j'ai beaucoup pensé à votre entreprise, aux difficultés qu'elle offre et aux moyens de surmonter ces difficultés. Permettez-moi de vous communiquer très franchement et au courant de la plume, par conséquent sans beaucoup d'ordre, les idées qui me sont venues et qui m'ont paru pouvoir vous être de quelque utilité. Je pense que vous allez vous rendre à la réunion de Constance (1), que vous y parlerez et que probablement votre parole aura beaucoup d'influence sur la marche des choses.

Voici donc ce que j'ai considéré indispensable, si vous voulez être vraiment utile aux âmes et à l'Eglise.

____

(1) Le troisième Congrès des Anciens Catholiques, ouvert le 12 septembre.

Dire hautement et répéter souvent que vous ne voulez pas fonder une Eglise, ni surtout une religion nouvelle, que vous voulez seulement créer un point d'appui, un lieu d'asile, un centre d'action commun pour tous les catholiques qui veulent ces deux choses nécessaires au progrès de l'Evangile en ce siècle :

1° D'abord rester catholique, puis en restant catholique, revendiquer la Réforme de l'Eglise dans son chef et dans ses membres, réforme vainement attendue depuis si longtemps.

2° Donc ne proposer et surtout n'imposer à vos adhérents que ces deux choses, rester catholique et revendiquer les réformes nécessaires dans l'Eglise, mais ne toucher ni à la théologie, ni aux sacrements, ni même au culte, et, par parenthèse, j'ai appris avec peine que vous étiez déjà entré dans cette voie où il faut bien comprendre *qu'il vous sera impossible* de vous arrêter. A mon avis, mieux vaudrait hardiment faire à ce sujet un pas en arrière et expliquer pourquoi vous le faites.

Pour résumer ma pensée et tâcher de vous la faire bien saisir, avant de la développer, il me paraît évident que vous devez réclamer, provoquer et même préparer les réformes indispensables dans l'Eglise Catholique, mais que vous ne devez ni ne pouvez les opérer vous-même, l'Eglise seule ayant une mission pour se réformer.

Si la maxime *in necessariis unitas, in dubiis libertas*, vraie sauvegarde de tous les intérêts, n'était pas absolument oubliée et même foulée aux pieds dans l'administration actuelle de l'Eglise, une réunion, comme celle que vous organisez à Genève et ailleurs, n'aurait aucune raison d'être grave : parce qu'alors on pourrait demeurer dans la hiérarchie, dans la légalité et parler librement et réclamer justice.

C'est le malheur des temps qui met les âmes dans cette cruelle alternative, ou de rester dans la hiérarchie, et alors de ne pouvoir parler d'aucune réforme de l'Eglise, ou de sortir *momentanément* de la hiérarchie et de la légalité pour pouvoir réclamer ces réformes dont l'Eglise a besoin.

Une comparaison, que je crois très exacte, vous fera mieux comprendre encore ce que devraient être, à mon avis, les tentatives de réforme en Suisse, en Allemagne et ailleurs. Elles devraient être, *au moral*, ce qu'eussent été, au physique, des villes et des pays qui au moyen-âge et au temps de l'Inquisition, au raient offert l'hospitalité, la liberté et surtout la sécurité aux catholiques, en leur permettant de parler librement, à l'abri des dénonciations, des cachots, des tortures et des bûchers. Je crois cette comparaison rigoureusement exacte, car aujourd'hui supposez que le prêtre le plus irréprochable et le plus orthodoxe, même le plus ultramontain, eût l'audace de réclamer les réformes nécessaires dans l'Eglise, à l'instant même, il sera dénoncé, torturé, brûlé vif moralement comme il l'eût été physiquement, il y a cinq ou six cents ans.

Dans ma conviction, votre œuvre sera féconde, si elle se borne à cela. Elle sera stérile, et même elle avortera très vite, si vous vous jetez dans les nouveaux symboles de foi, dans les innovations non urgentes, non imposées par la nécessité du salut des âmes.

Donc, si j'étais à votre place, je m'imposerais moi-même et je proposerais à mes adhérents l'abstention systématique de toute innovation dans l'enseignement doctrinal, dans l'administration des sacrements, dans la liturgie elle-même. Je ne dis pas que l'Eglise ne devra pas plus tard examiner, par exemple, la question de la liturgie en latin ou en langue vulgaire, mais je dis que vous ne devez pas et que vous ne pouvez pas, sans les plus graves in-convénients, toucher vous-même à cela.

Permettez-moi d'entrer ici dans quelques dé-tails pour rendre ma pensée plus claire.

J'apprends que vous dites la messe, ou une partie de la messe, en français. D'abord en quoi cela était-il urgent, et surtout nécessaire, soit au salut d'une seule âme, soit au pro-grès de l'Evangile et au bien de l'Eglise ?

Et puis comment pouvez-vous empêcher tel de vos adhérents de continuer, si cela lui plaît mieux, à dire la messe en latin ? En outre, si vous entrez dans la voie des changements, des additions ou suppressions, qui fixera des limites et où s'arrêtera-t-on ? Si vous êtes vingt prêtres, vous aurez bientôt vingt ma-nières diverses de dire la messe, et les fidèles, pas plus à Genève qu'en France, ne respecte-ront longtemps une religion où le culte sera livré au caprice de chacun.

Veuillez remarquer en effet que l'Evangile nous montre seulement Jésus-Christ consa-crant le pain et le vin, et donnant la commu-nion aux apôtres. Si vous ne vous imposez pas vous-mêmes, tous et unanimement, le respect *provisoire* des formes du culte, telles qu'elles sont en usage dans l'Eglise Catholique, j'ose vous prédire que bientôt vous aurez des adhérents qui se borneront, d'après l'Evangile, à consacrer le pain et le vin, et peut-être même, si le cœur leur en dit, à faire cela dans un repas afin d'imiter plus exactement Jésus-Christ.

Donc, selon moi, il faudrait que chacun préparât, écrivît ses idées de réforme, même sur les questions de détail, mais s'engageât à ne rien innover en pratique, jusqu'à l'examen de la décision de tout cela par *le prochain Concile vraiment libre*, qui *seul* aura mission et autorité pour régler tout cela avec le reste.

Quelle grande et suffisante mission pour vous et les vôtres que d'appeler, de préparer, d'amener aussi ces réformes et ce prochain Concile vraiment libre ! Dans ma conviction, vous l'obtiendrez à la mort de Pie IX, mais à la condition de rester dans les bornes que j'indique et de bien faire comprendre que vous n'êtes rien autre chose que les auxiliaires de l'Eglise, obligés momentanément de la servir en dehors de sa hiérarchie et de la légalité, mais qu'au lieu de travailler à la séparation, vous travaillez à ramener le plus tôt possible tous les catholiques à l'unité dans la vérité et la liberté, *veritas liberabit vos.*

Rappelez-vous à ce sujet deux choses qui me reviennent en ce moment à l'esprit : votre premier cri en sortant du couvent, je fais appel à un Concile vraiment libre. Voilà le vrai but, puis le texte de saint Augustin que vous avait donné M. de Noirlieu et où la situation de certains serviteurs extraordinaires de l'Eglise était si nettement indiquée (1). Voilà la vraie situation :

Outre que vos innovations causeraient le désarroi et la division parmi vous, sauf le cas

____

(1) « La providence permet souvent que, par des troubles excités par des hommes charnels, des personnes pieuses soient exclues de la communauté des chrétiens. Si elles supportent cet affront et cette injustice patiemment et dans la vue de ne pas troubler la paix de l'Eglise, et qu'elles ne cherchent pas à donner lieu à des innovations schismatiques ni hérétiques, elles apprendront aux hommes avec quels sentiments et avec quel amour sincère on doit servir Dieu. De telles personnes prennent la ferme résolution de rentrer dans la communauté, après que les troubles sont apaisés, ou si cela ne leur est pas possible, soit pendant les troubles, soit pour ne pas les augmenter encore par leur retour, elles conservent toujours la volonté de donner des conseils à ceux mêmes dont elles ont évité la violence, sans former une communauté à part. Elles défendent jusqu'à la mort et soutiennent par leur témoignage la foi qu'elles savent être annoncée dans l'Eglise Catholique. Le Père qui voit les choses cachées couronne celle-ci. De telles personnes sont rares sans doute, toutefois elles ne manquent pas : il y a même plus qu'on ne le croirait. » *De Vera Religione*, *VI*. Ce texte est très célèbre et M. George Tyrrell l'a allégué récemment en faisant remarquer que saint Augustin ne l'a jamais rétracté.

impossible où vous essaieriez d'*imposer* vos idées et vos nuances même à tous vos adhérents, ces innovations ont le tort immense d'effrayer beaucoup d'âmes, de donner à croire que vous fondez une secte nouvelle, de rappeler l'abbé Châtel (1) et les autres (2) ..., c'està-dire en résumé, d'empêcher un grand courant d'opinion catholique de s'unir à vous ; or, ce courant, je crois qu'il serait possible de le créer, et, grâce à lui, d'arriver, à la mort de Pie IX, au concile vraiment libre que j'appellerais volontiers le *Concile du Salut*.

Permettez-moi encore de vous rappeler que, dans la voie des innovations, on arrive vite au Protestantisme, et même, comme l'abbé Mouls (3), à la religion purement naturelle. Ainsi ce M^r (4) me disait que l'abbé H. (5)

---

(1) Prêtre du diocèse de Moulins, fondateur à Paris, en 1831, d'une ridicule « Eglise catholique française ». Il se fit sacrer « évêque », dans l'église « joannite », par Machault, dit le bailli Jean de Jutland et s'intitula primat des Gaules.

(2) Mot illisible.

(3) Chanoine de Bordeaux qui quitta l'Eglise après le Concile, et se retira à Bruxelles. Il mourut le 5 juillet 1878.

(4) La personne dont il est question dans la première ligne de cette lettre.

(5) Sans doute l'abbé Hurtault, prêtre du diocèse de Tours, chanoine honoraire, ancien secrétaire de l'archevêque Guibert et curé de Ballan, qui était allé à Genève rejoindre M. Hyacinthe Loyson, le 31 mai 1873.

trouve qu'il est idolâtrique d'exposer le Saint Sacrement dans un ostensoir, un autre supprimera la réserve dans le tabernacle, un autre bientôt ne croira plus du tout à la présence réelle.

Vous me direz à cela que pour le mariage, par exemple, vous aurez déjà opéré la réforme dans votre vie à vous. D'abord je crois que si vous aviez pu revendiquer le mariage sans vous marier vous-même, vous auriez produit une impression beaucoup plus grande ; en outre, c'est là une de ces questions qui, au moins pour certains hommes, peut être regardée comme *urgente*, comme intéressant le salut de l'âme, comme ne pouvant pas sans danger être remise à un temps éloigné. D'ailleurs, vous n'imposez pas à vos adhérents le mariage, et vous conviendrez, je pense, avec moi que vous ne croirez vraiment avoir atteint votre but par rapport au célibat ecclésiastique que quand vous aurez obtenu sa réforme d'un concile vraiment libre, mais ayant, parce qu'il représentera l'Eglise entière, l'autorité que vous ni vos adhérents ne sauriez avoir, n'étant que des individualités (1).

____

(1) Ce paragraphe de la lettre de l'abbé Perraud fait allusion à un bruit d'après lequel M. Hyacinthe Loyson

Un autre immense avantage, si vous vous bornez à préparer les réformes et à donner asile, pain, considération, possibilité de vie honorable et sainte, possibilité même de mariage aux prêtres qui voudraient la réclamer et préparer avec vous, c'est que, outre vos adhérents connus et publics, vous gagnerez peu à peu, mais vite et sûrement, une multitude d'adhérents secrets, et c'est le grand nombre de ceux-là qui rendra les réformes, le concile libre possibles à la mort de Pie IX, en préparant dès aujourd'hui l'opinion.

Je suis porté à croire que si dans vos discours, peut-être dans un manifeste, mieux encore dans les décisions de vos assemblées, vous pouviez faire un appel au clergé du monde entier dans le sens que je vous indique, vous verriez se rattacher à vous par des *fils cachés* mais solides, des milliers non seulement d'adhérents, mais de collaborateurs qui vous ont manqué jusqu'ici, et qui sont pour-

---

aurait imposé le mariage aux prêtres qui se joignaient à lui. Il n'en était rien, quoique M. Loyson le conseillât à certains d'entre eux qui, ne croyant pas l'opinion mûre pour la réforme du célibat ecclésiastique, menaient une vie hypocrite. Le dégoût que M. Loyson ressentit vis-à-vis de prêtres « *indignes* en grande partie » et la politique antilibérale du Conseil d'Etat de Genève devaient bientôt le déterminer à donner sa démission de curé de Genève (4 août 1874).

tant indispensables pour rendre votre entreprise féconde, et pour la conduire au succès.

Beaucoup, en effet, qui ne peuvent être matériellement et ostensiblement avec vous, pour des causes diverses, seraient avec vous de cœur et d'esprit, du jour où ils verraient clairement qu'ils ne risquent d'être entraînés par vous ni à l'hérésie ni au schisme, et qu'ils peuvent, en toute conscience, *et en toute orthodoxie*, collaborer avec vous à la préparation des réformes par le prochain Concile. Vous promettriez à tous le secret absolu de leurs noms et de leurs personnes, et alors je crois qu'il vous arriverait en quantité des adhésions, des encouragements, des idées, des secours de toute sorte, des écrits que l'on vous prierait de publier, ne pouvant le faire soi-même, etc... Alors vous pourriez avoir à Genève, un grand et très intéressant journal, surtout le jour où vos collaborateurs y pourraient trouver un moyen d'existence matérielle.

Je crois, en outre, que vous ramèneriez au catholicisme bien des prêtres qui se sont faits pasteurs protestants, parce qu'ils n'avaient alors que cette porte ouverte, et ce retour *par vous* ne serait pas un médiocre succès. Vous provoqueriez aussi beaucoup de travaux urgents, par exemple, la vérification et la preuve de tant de faits importants énumérés dans *Janus* (1), des enquêtes *de visu* sur l'état du clergé par rapport au célibat dans les diverses nations du monde, surtout dans l'Amérique du Sud, sur l'état de la foi, etc., dans l'Eglise grecque unie, etc., etc. La place va me manquer, je n'ajoute plus qu'un mot, remettant les développements à une autre fois. A votre place, je m'abstiendrais même de traiter la question de l'Infaillibilité ; c'est une bouteille à l'encre d'où chacun tire ce qu'il lui plaît, et il est vraiment inutile de se tourmenter pour cela. Le prochain Concile libre fixera la manière de croire à ce sujet, et je n'ai aucune inquiétude sur sa décision.

Tout cela est bien confus, bien incomplet, mais il y a, je crois, des idées vraies, et je demande à Dieu qu'elles puissent profiter à vous, aux âmes que vous aimez, à l'Evangile et à l'Eglise dont vous voulez demeurer le ministre.

---

(1) Le livre de Dœllinger : *Le Pape et le Concile*, d'abord signé Janus, traduit de l'allemand par A. Giraud-Teulon (fils), (Paris, 1869, in-12). — Une nouvelle et meilleure édition de ce livre a été publiée en 1904 par le même traducteur, sous le titre de *La Papauté, ses origines au moyen-âge, son influence jusqu'en 1870* (Paris, Alcan, in-8').

M. Hyacinthe Loyson se rendit, comme l'avait pensé Charles Perraud, à la réunion ancienne-catholique de Constance. Non seulement il n'y joua aucun rôle, mais il sortit au milieu d'une séance, en manière de protestation contre un discours qui y était prononcé (1).

Quelque temps plus tard, Charles Perraud, écrivant à son ami, à propos de la naissance de son fils, revenait ainsi sur les idées qu'il lui avait exprimées relativement à la réforme de l'Eglise :

C'est avec une vive satisfaction que j'ai su

———

(1) Voici la note du journal de M. Hyacinthe Loyson sur cet incident :

Dimanche 14 [septembre 1873]. — Je rentre de cette séance, d'où j'ai été obligé de sortir avec éclat, en présence des injustices et des injures dont la France était l'objet de la part de ce grossier député allemand (M. Voelk, d'Augsbourg). Je suis sorti avec M. de Pressensé qui était assis près de moi, et qui partageait mon indignation.

Si la lutte actuelle était, comme l'a dit M. Voelk, la lutte entre les Germains et les Welches, je ne serais pas ici, car je suis *Welche* et veux le demeurer, et tout en défendant mon peuple, je ne suis point pour les guerres de race. Ce *nationalisme* brutal est payen : cet homme en était *ivre*. L'archiprêtre russe Vasilieff qui était près de moi, m'a dit dès le début de ce discours : « C'est l'abaissement et la profanation du mouvement ! »

que vous aviez quitté la salle des séances à Constance, lorsque ce malencontreux Allemand a parlé de notre pays d'une manière inconvenante.

Le peu que j'ai pu savoir de cette assemblée m'a confirmé dans la pensée exprimée dans la dernière lettre que je vous ai écrite qu'il ne faut pas chercher à constituer des Eglises nouvelles, mais à réformer l'Eglise. A cela vous me répondrez probablement qu'une action collective est bien difficile en dehors d'une constitution positive. J'avoue que je crois tout le contraire, en réduisant bien entendu, cette action à quelque chose d'essentiellement provisoire et seulement pour passer le temps d'une crise extraordinaire et pour préparer les réformes urgentes (1).

---

(1) Lettre datée du 28 septembre 1873.

V

LA GRANDE DÉPRESSION

(1874-1879)

Au commencement de 1874, la nomination d'Adolphe Perraud à l'évêché d'Autun apporta une grande joie et un grand soulagement à Charles (1). Celui-ci crut que, quoi qu'il advînt à lui-même, il ne pouvait du moins plus nuire à son frère bien-aimé. Mais, loin de commencer une vie plus tranquille, il entra dans une période plus sombre.

Des maux d'estomac vinrent compliquer ses terribles maux de tête. Le travail lui fut impossible, il cessa toute lecture et même toute correspondance. Durant quelques années, son seul bon passe-temps fut la chasse pour la-

____

(1) Sur l'épiscopat d'Adolphe Perraud, on peut consulter une étude que je lui ai consacrée dans *Evêques et diocèses*, 1ᵉ série.

4.

quelle il avait toujours eu une passion très vive, accrue par l'intérêt de sa santé. Il allait voir en province tous ses amis chez lesquels il pouvait prendre « la liberté du fusil » (1). Mais, en ne prêchant plus, il se privait de ressources, et la gêne pécuniaire s'ajoutant à la maladie et aux difficultés de son faux ménage, il tomba dans une grande dépression. « Je dois vous avouer, encore, écrivait-il à M. Hyacinthe Loyson, le 3 août 1874, que si j'étais un peu plus riche, c'est le *retirement* absolu du monde que je préférerais à tout, tant je suis physiquement et moralement exténué de fatigue. »

En 1876, M. Loyson envoya à Charles Perraud des discours qu'il venait de prononcer et un livre de l'abbé Chavard sur le célibat ecclésiastique (2). De la longue lettre par

---

(1) Lettre du 3 août 1874.

(2) *Le célibat des prêtres et ses conséquences*, par l'abbé F. Chavard, curé de Genève (Genève, Benoît, 1874, in-12, XVIII-605 p.). Le livre est précédé d'une lettre de M. Hyacinthe Loyson. Il écrit à l'auteur : « Je vous félicite tout particulièrement de vous être maintenu, pendant tout le cours de votre étude, dans les limites de l'orthodoxie catholique. Vous combattez les abus, mais vous respectez l'Eglise : vous voulez une réforme, mais vous la voulez catholique. Vous savez que, si la disci-

laquelle il remercia son ami de Genève, les extraits suivants nous font connaître sa pensée et son état à cette époque.

Paris, le 20 juillet 1876.

MON CHER AMI,

J'aurais dû vous accuser plus tôt réception des deux volumes que vous m'avez envoyés, et surtout vous remercier de l'empressement avec lequel vous me les avez fait parvenir. Mais je tenais à connaître vos deux discours et à pouvoir vous en parler, et malheureusement, tous ces temps-ci, mes maux de tête habituels ont redoublé et m'ont rendu plus que jamais incapable de lecture. Enfin, en m'y reprenant à je sais combien de fois, j'ai achevé cette lecture, et je commence par vous dire que, dans leur ensemble, ces discours m'ont causé la plus vive et la plus sérieuse satisfaction.

Je savais en substance que vous aviez, dès le début, tenu à séparer votre personne et votre cause d'agissements plus honteux que ceux de l'ultramontanisme ; mais, enfin, j'ai

---

pline est changeante, le dogme est immuable. » Plus tard, Chavard fit paraître un autre ouvrage sur le même sujet : *Le célibat, le prêtre et la femme* (Paris, Grassart, in-8°, 1894).

lu avec bonheur ces énergiques et éloquentes protestations qui vous conservent le droit et l'autorité nécessaires pour servir la vérité. Aujourd'hui plus encore qu'à l'époque où je vous écrivis ma dernière lettre (c'était, je crois, il y a deux ans), je crois voir clairement qu'autant il est illusoire de chercher à fonder des églises, et même des associations durables en dehors de la hiérarchie catholique, autant il est utile qu'il y ait des voix indépendantes pour réclamer les réformes nécessaires et pour conserver l'indispensable « liberté des choses douteuses ».

L'oppression violente et vraiment inouïe qui pèse de plus en plus sur ceux qui restent soumis à la hiérarchie explique, justifie et nécessite même la mission *temporaire* et extraordinaire de certains hommes qui ne se soustraient à la hiérarchie que pour ne pas être écrasés par elle. Avec toutes les réserves nécessaires de l'humanité et du bon sens, il me semble que si j'étais à votre place, je dirais de moi-même et de ma mission : « *Ego vox clamantis in deserto, parate viam Domini,* etc. ». Et alors, peu importe que vous soyez seul, à la condition toutefois que vous cherchiez de plus en plus à être l'organe des âmes *innombrables* qui, dans l'Eglise catholique orthodoxe et ultramontaine, pensent avec vous et comme vous sur un très grand nombre de points. Comme je vous le disais, si je ne me trompe, encore il y a deux ans, la partie la plus importante, quoique à vrai dire la plus délicate et la plus difficile de votre mission consisterait à entretenir le plus de relations qu'il vous serait possible avec les âmes dont je viens de vous parler. C'est pourquoi j'insistais et j'insiste encore de toutes mes forces pour que vous n'introduisiez d'autres changements que ceux qui sont *indispensables en conscience*, en sorte que les catholiques romains ne trouvent entre eux et vous que le moins possible de différences et de séparations. C'est à ce point de vue, si vous vous le rappelez que j'ai regretté de vous voir dire la messe en français plutôt qu'en latin. Ces changements de détail suffisent à déconcerter les simples fidèles, et à vrai dire, on ne peut en attendre aucun résultat, ni en bien ni en mal.

Combien j'ai regretté de ne pouvoir m'entretenir plus longuement avec vous ! Ma pauvre tête qui se refuse à lire et à écrire, me permet encore parfois de comprendre et de raisonner (1)...

____

(1) Ici, Charles Perraud propose à M. Loyson quelques corrections sur divers passages de ses discours.

Quant au livre de l'abbé Ch. (1), j'ai dû me contenter de le parcourir, et cela même m'a beaucoup fatigué. Il m'a fait l'effet d'être intéressant, sérieux et utile. Si je l'avais connu plus tôt, je me serais évité des recherches historiques qui, cet hiver, m'ont fait beaucoup de mal. Mais ce livre est inconnu, et il faudrait le faire connaître. Si j'étais riche, j'en adresserais un exemplaire à tous les prêtres, desquels je pourrais espérer qu'ils ne le brûleraient pas avant de l'avoir lu. Je suis porté à croire que personne à Paris ne connaît l'existence de cet ouvrage, pas plus que je ne la connaissais moi-même. C'est là un fait très regrettable. Il me semble également qu'on ne voit vos ouvrages à la vitrine d'aucun libraire. Je me rends très bien compte de la difficulté de vendre de tels livres. Les librairies catholiques ne veulent ni ne peuvent les vendre, et, au fond, je crois que les librairies protestantes ne s'en soucient pas. A mon avis, il vaudrait mieux pour les rendre accessibles aux catholiques, les déposer chez les libraires n'ayant pas de couleur religieuse déterminée.

Mes hommages respectueux à Madame.

Je vous embrasse de cœur.

Ch.

---

(1) L'abbé Chavard.

Deux mois après, Charles Perraud envoyait encore à son confident de Genève les lignes suivantes :

Que vous dirai-je, mon cher ami, moi qui ai le cœur encore plus brisé que la tête ? Oui, j'ai prié pour vous et je prierai encore, mais je vous demande encore plus instamment de prier pour moi. L'incapacité, hélas ! croissante, de travail intellectuel où me réduisent ces maux de tête perpétuels est quelque chose de navrant à tous les points de vue, car je ne sais littéralement plus comment je ferai dans un avenir prochain pour gagner notre pain quotidien.

Ma situation est toujours et malgré moi inextricable : je commence à croire, hélas ! que ma seule vraie libératrice sera la mort. Ah ! nous sommes vraiment nés trop tôt ou trop tard, et j'essaie de me consoler en espérant que, dans un avenir prochain, l'Eglise de Jésus-Christ ne réduira plus au désespoir et à l'agonie morale des âmes de bonne volonté, des consciences droites et des cœurs religieux, comme il me semble que j'en connais...

Je suis ici dans un village où tout est remarqué ; et, à cause de mon frère, je dois m'assujettir à des précautions qui m'importeraient fort peu pour moi-même. Puisse Dieu me tenir compte de tant de sacrifices surhumains que j'aurai faits pour ce frère toujours tendrement aimé, mais surtout depuis que nous sommes devenus l'un à l'autre toute notre famille.

Pendant mon séjour chez lui et n'ayant pas la distraction de la chasse à l'aide de laquelle je parviens ici à m'oublier un peu moi-même, j'ai eu le tort de me fatiguer la tête à la bibliothèque. J'ai parcouru une préface de *Le Courayer* en tête de la traduction de l'Histoire du Concile de Trente par fra Paolo Sarpi. Je ne saurais vous dire à quel point j'ai été frappé de la ressemblance des idées de Le Courayer avec les vôtres, et tout de suite j'ai résolu de vous signaler ce remarquable travail dans le cas où vous ne le connaîtriez pas. A la fin du volume, il y a une très longue condamnation portée contre Le Courayer par un archevêque de Toulouse ; mais ma pauvre tête ne m'a pas permis de la lire et de vérifier si les reproches qu'il lui adresse sont mérités. Je pense que vous trouverez aisément cet ouvrage dans les bibliothèques publiques de Genève.

J'espère toujours que Dieu nous donnera bientôt, quelque part, occasion de nous revoir et de causer à fond, comme il est impossible à moi surtout de le faire par lettre.

A vous de cœur et mon souvenir respectueux à Madame.

CHARLES.

Une des choses qui font, comme je vous l'ai dit déjà autrefois, que X est cent fois plus malheureux que vous, c'est qu'il s'est complètement trompé, et que, toute question de libéralisme, etc., à part, il était fait pour être laïque et non *prêtre*.

Cela me devient chaque jour plus évident (1).

En 1877, le Père Hyacinthe avait écrit assez vaguement à Charles Perraud qu'un prêtre qui était entré à Genève dans le mouvement de réforme catholique, et qui s'était marié, était retourné à l'obédience romaine et que sa situation avait été « régularisée par l'intermédiaire de Mgr Mermillod ».

Ce cas très récent donna quelque espoir à Charles Perraud et à Madame Duval, et ils s'efforcèrent d'obtenir quelques renseigne-

____

(1) Lettre datée de Villequiers (Cher), 5 septembre 1876.

5

ments « au sujet de ce mariage exception-
nel ». Ils semblaient, d'ailleurs, à cette époque, si bien décidés à légaliser leur union que
Charles Perraud tint à savoir aussi « à tout
événement, quelles sont les exigences de la
loi civile suisse relative au mariage » (1).

Charles Perraud pria alors son frère d'al-
léguer à Rome le cas où avait été mêlé
Mgr Mermillod, pour obtenir sa sécularisation. Ce n'était pas la première fois qu'il suppliait l'évêque d'Autun de lui rendre ce service.

Adolphe avait appris la situation irrégulière
de son frère peu de temps après son élévation
à l'épiscopat. Lorsqu'il l'avait connue, il avait
cessé tout rapport avec lui, dans l'espoir qu'il
l'amènerait ainsi à rompre avec Madame Duval.
Voyant que Charles préférait toujours un autre
amour à l'amour fraternel, il reprit ses relations avec lui et il usa de toute son influence
pour le faire rester dans l'Eglise. Un jour,

____

(1) Lettre de Charles Perraud à M. Hyacinthe Loyson,
10 juillet 1877.

Charles, n'y tenant plus, lui dit : « Je pars pour l'Amérique et personne n'entendra plus parler de moi ». Adolphe répondit : « Je descends alors de mon trône épiscopal pour aller m'enfermer dans une Trappe et personne non plus n'entendra parler de moi ».

L'évêque donna plusieurs fois à son frère l'assurance qu'il avait demandé à Rome sa sécularisation (1). Il le fit certainement puisqu'il l'a dit, mais on peut douter que ses démarches aient été énergiques et surtout qu'il ait nommé le prêtre pour lequel il sollicitait cette mesure. Entreprit-il de nouvelles négociations en 1877 ? Un seul fait est certain : en supposant qu'elles aient eu lieu, elles ne réussirent pas plus que les précédentes. Pendant qu'il en attendait le résultat, Charles Perraud résolut de faire le moins possible de ministère ecclésiastique. L'attitude politique qu'avait adoptée l'Eglise à la suite du Seize Mai lui déplaisait d'ailleurs souverainement, et il ne voulait coopérer en rien à ses entreprises électorales (2).

____

(1) Témoignage de M. Hyacinthe Loyson.
(2) Dans sa lettre du 10 juillet, citée ci-dessus, page 74,

Un peu plus tard, il demanda à M. Hyacinthe Loyson de lui indiquer un confesseur qui pût comprendre son état. Il avait besoin d'un confident auprès duquel il lui fût possible de s'épancher de vive voix, toutes les fois qu'il en éprouverait le besoin. M. Hyacinthe Loyson le mit en rapports avec l'abbé Cédoz, un ancien dominicain, aumônier des Religieuses Anglaises Augustines de Neuilly-sur-Seine.

---

note 1, l'abbé Perraud écrit : « Inutile de vous parler de politique ; nos sauveurs deviennent de plus en plus ridicules et parfois même odieux. Avez-vous lu en particulier un passage du *Bulletin des Communes* relatif à la revue du 1ᵉʳ juillet ? Même sous l'Empire, il me semble que jamais on n'a employé des moyens plus éhontés. »

Le 8 novembre 1877, il écrivait de Nevers à M. Frédéric Passy : « Mon intention est de retarder le plus possible mon retour à Paris, et très probablement je n'y rentrerai pas avant le mois de janvier. Les maux de tête presque continuels dont je suis accablé me font préférer le séjour et la liberté des champs à la vie de Paris, et, en outre, je vous avoue qu'il me serait extrêmement pénible, au milieu de ces tristes complications politiques, d'être enrégimenté, ne fût-ce que par mon habit, dans un parti et dans une entreprise que je n'ai cessé de maudire depuis le premier jour. A la campagne, du moins, car Nevers est plus encore mon *quartier général* que mon habitation assidue, tout le monde sait que j'ai toujours été et que je suis *plus que jamais* républicain. » Cette lettre, on le voit, se ressent encore des disputes qui accompagnèrent le scrutin du 14 octobre où les électeurs se prononcèrent en grande majorité pour les candidats du parti démocratique.

Bien qu'il n'eût aucune illusion sur les origines du Christianisme et qu'il fût sans espérances sur son avenir, l'abbé Cédoz était de la catégorie des prêtres absolument décidés à rester dans l'Eglise (1). Il influença très vivement

------

(1) Sur l'abbé Cédoz, voyez la *Crise du Clergé*, 2ᵉ édit., p. 57.

Au commencement de 1878, M. Hyacinthe Loyson revint demeurer à Paris. A partir de cette époque, les lettres de son ami sont naturellement plus rares. Mais le journal de M. Loyson atteste qu'ils se voyaient fréquemment. A titre de spécimen, j'en extrais ces notes sur leurs relations :

1ᵉʳ février 1878. — Le pauvre et cher abbé Ch. Perraud, victime d'un faux système, profondément découragé. Lu une lettre touchante de son frère, l'évêque d'Autun.

12 juin. — Emilie [Madame Loyson] a été visiter l'Exposition avec X et Z. Le cher Père Perraud a dîné avec nous.

19 juin. — Ch. Perraud aux deux repas.

23 juin. — Ch. Perraud a dîné avec nous ce soir. Il part demain pour la Vendée où il va passer quelques mois. La bonté de cette âme est aussi profonde que sa tristesse. *Mentem mortalia tangunt.*

15 juillet 1881. — Reçu ce matin la bonne et douce visite de l'excellent Charles Perraud... Il m'a dit : « Probablement si vous eussiez été à ma place, vous auriez fait ce que j'ai fait, comme si j'eusse été à la vôtre, j'aurais fait ce que vous avez fait. » Il attribue avec raison le bon succès de mon mariage à la force de caractère de ma noble compagnie et à sa qualité d'étrangère. X et Z n'étaient pas dans les mêmes conditions.

28 octobre. — Bonne visite de Charles Perraud qui part pour Rome avec son frère l'évêque d'Autun. Madame Duval, *sa femme devant Dieu*, habite avec lui son nouvel appartement, Avenue de Breteuil, 56, *du consentement*

son nouveau dirigé dans ce sens, et comme ces conseils s'accordaient avec les désirs que Madame Duval exprimait sans cesse à Charles Perraud, celui-ci se familiarisa peu à peu avec l'idée de traîner sa chaîne jusqu'à sa mort.

---

de l'évêque. Ainsi, dans ce détestable système, tout est double et faux, même chez les plus droits et les meilleurs.

VI

LE CONFERENCIER

(1880-1887)

Du moment que Charles Perraud restait dans l'Eglise, comme il n'avait « d'aptitude que pour la parole » (1), il devait y gagner sa vie en prêchant et non pas dans le ministère ordinaire paroissial où il faut accomplir des besognes pour lesquelles il ne se sentait pas de goût. A la fin de 1878, il résolut donc de remonter en chaire (1), mais il ne retrouva qu'en 1880 la force physique et morale de faire son

---

(1) Le 16 décembre 1878, Charles Perraud écrivait à M. Hyacinthe Loyson, de Saint-Paul-en-Paredz (Vendée), où il se trouvait en villégiature :

« X m'écrivait dernièrement qu'en dépit des obstacles de toutes sortes qui lui rendent l'entreprise presque impossible, il allait sans doute bientôt être forcé de reparaître en public : n'ayant un peu d'aptitude que pour la parole, et voyant que tout autre moyen de gagner sa vie est décidément illusoire. Pour moi, qui suis au courant de sa situation sous tous les rapports, je considère que ce sera presque un miracle si X parvient à réaliser un pareil projet. »

nouveau début. L'évêque d'Autun, chez lequel il était alors, voulut qu'il prononçât son premier sermon revêtu des insignes de chanoine honoraire de sa cathédrale. Il lui conféra cette dignité (1). Jusque-là Charles l'avait refusée, sous prétexte que sa santé lui interdisait le travail, mais, en réalité, parce qu'ayant la pensée de quitter le clergé, il ne voulait aucune distinction, aucune charge, afin de s'esquiver plus facilement.

En 1881, il prêcha le carême à Sainte-Clotilde, un peu plus tard, la retraite préparatoire à la première communion, et, à la fin de l'année, il commença dans l'église Saint-Ambroise, au sein d'un quartier ouvrier, des conférences populaires. L'abbé Perraud croyait qu'à côté des conférences de Notre-Dame, qui s'adressent surtout à la jeunesse des écoles et aux gens de loisir, il y avait place pour une œuvre semblable destinée aux classes laborieuses. Il avait, autrefois, à la Rochelle et à

---

(1) *Semaine religieuse* d'Autun, 14 et 21 août 1880, et Largent, ouvrage cité, p. 43, qui donne l'analyse de ce premier sermon.

Reims, prêché avec succès des sermons particulièrement destinés aux hommes. Il réussit pareillement à Paris. Pendant six ans, il sut grouper autour de sa chaire un auditoire nombreux. Plus tard il transporta ses conférences dans des édifices plus aristocratiques, à Saint-Roch, à Sainte-Clotilde, à la Madeleine. (1).

Si Charles Perraud avait mis de côté la loi du célibat ecclésiastique, il n'en était pas moins resté profondément catholique.

Il ne voulut jamais considérer combien la critique historique avait miné la thèse d'une révélation chrétienne. A l'abbé de Meissas qui essayait un jour de le lui faire entrevoir, il répondit : « Jamais je ne pourrai croire que la foi dans laquelle est mort l'abbé Perreyve soit erronée (2) ».

Il croyait à la divinité de Jésus-Christ, à l'institution divine de l'Eglise, à la primauté du pape. Il acceptait le dogme de l'infaillibilité, en

------

(1) Stations quadragésimales à la Madeleine (1882 et 1888), à la Trinité (1883), à Saint-Roch (1885 et 1887), à Sainte-Clotilde (1886 et 1889).
(2) *La Crise du Clergé*, 2ᵉ édit., p. 220.

5.

l'interprétant, il est vrai. Comme le Concile du Vatican, disait-il, n'a point suffisamment expliqué les conditions dans lesquelles doit être prononcée une sentence pour être irréformable, tant qu'un autre Concile n'aura pas donné les précisions nécessaires, nous serons aussi libres qu'auparavant.

Il pensait que la papauté est fort portée à exagérer ses prérogatives et en a beaucoup abusé, mais il ne contestait pas la légitimité de son pouvoir. Tout ce qui dans l'histoire, gênait son esprit si tolérant, il le passait sous silence ou le tournait ingénieusement. Ce qu'il prêche, c'est essentiellement un catholicisme libéral, qu'il veut rendre acceptable au citoyen moderne. Ces concessions à l'esprit contemporain indignaient les intransigeants. Ses meilleurs amis semblent avoir renoncé à les justifier (1). Il n'en est pas moins vrai qu'elles lui

____

(1) Le P. Largent avoue (p. 57-58) que parfois Charles Perraud « a paru faire des concessions extrêmes ». Sur « un point grave et délicat, le pouvoir coercitif de l'Eglise, l'orateur ne s'est pas exprimé d'une manière suffisamment exacte et complète. » A propos de la possibilité d'une parfaite bonne foi fondée sur l'ignorance invincible et l'invincible aveuglement de l'athée et du matérialiste, l'abbé Perraud s'est aussi mépris, d'après Largent, sur la pensée du père Perrone.

attirèrent des auditoires considérables et fidèles. Pour comprendre quels tours de force apo-
logétiques il accomplit, il suffit de lire sa conférence sur le christianisme et le bonheur indi-
viduel. Ce prêtre dont toute la vie était empoi-
sonnée par la loi du célibat ecclésiastique,
représente la morale et la discipline de son
Eglise comme la meilleure garantie du bonheur :

Si l'homme savait garder son intelligence
pour rêver, son cœur pour aimer, sa vertu
pour mériter une autre âme ; s'il savait dire :
Peu importe le torrent des criminels plaisirs
qui passe à mes côtés, il ne m'entraînera pas
dans ses flots. Ce qu'il me faut, c'est une âme,
une âme dans laquelle je puisse plonger la
mienne à jamais, un cœur qui réponde au
mien, une conscience dans laquelle je puisse
me voir moi-même et voir Dieu éternellement,
comme je me vois et vois Dieu dans ma propre
conscience. Si un homme pouvait dire cela,
le poème biblique se renouvellerait pour lui.
Dieu lui amènerait la créature exquise qui
surgit devant le premier homme, et en dépit
des douleurs inévitables de la vie, il remonte-
rait en quelque sorte au paradis de la félicité.

O vous qui êtes à la veille de faillir à l'honneur, souvenez-vous de votre âme et de l'âme qu'il vous faut obtenir de Dieu. Toutes deux sont immortelles, toutes deux sont d'un prix immense ; toutes deux recèlent des richesses que l'éternité n'épuisera pas : elles peuvent donc trouver l'une dans l'autre un bonheur sans fin. Souvenez-vous aussi de ceux qui seront un jour la joie, l'honneur, l'incomparable trésor de votre foyer. Y a-t-il rien sur terre de plus beau que de voir autour de soi se multiplier des âmes ? Contemplez d'avance ces petites mains qui se tendent vers vous, ces regards qui vous dévorent d'amour, cette détresse de la faiblesse enfantine qui crie : mon père ! qui a besoin de vos soins et de votre travail.

Il est dur de gagner à la sueur de son front le pain quotidien de toute une famille, vous le savez mieux que moi, Messieurs ; mais le soir, lorsque les petits enfants sourient et vous embrassent, vous oubliez aussitôt vos fatigues. Laissez ces âmes encore toutes neuves battre contre votre cœur, et vous sentirez que Dieu est entre vous.

Direz-vous après cela que la religion, dont nous sommes les ministres, donne tort au cœur et à l'amour ; que notre piété est sans entrailles : que, perdus dans des abstractions arides, nous n'avons pas assez de paroles fâcheuses pour flétrir les joies de la terre, et pour décourager les hommes des bonheurs d'ici-bas ? L'apôtre saint Paul ne prêche pas une telle dureté de cœur : « Aimez vos épouses, dit-il aux hommes, comme le Christ a aimé l'Eglise » ; et il montre comment le Christ a aimé cette universelle société des justes, comme il a tout fait pour l'instruire, pour la spiritualiser, pour la béatifier, et comme il n'a point épargné son sang même pour la racheter du mal. Voilà l'amour que saint Paul conseille et commande aux hommes. Il ne pouvait aller plus loin, car le Christ qui nous a aimés jusqu'à la mort, avait eu soin de dire : « Nul ne peut avoir un plus grand amour que de donner sa vie pour ceux qu'il aime » (1).

Et après avoir ainsi longuement et chaleureusement décrit le bonheur de la famille, le prêtre romain se ressaisit. Pour donner la

____

(1) *Conférences de Saint-Ambroise*, année 1881, p. 144-147. Le P. Largent apprécie ainsi ces pages : « Si, docile à l'appel de Dieu, il avait renoncé pour lui-même aux joies sévères et douces cependant du foyer domestique, il en comprenait, il en devinait le charme salubre ; il a tracé de la vie conjugale et familiale, telle qu'il l'avait entrevue ou rêvée, une ravissante peinture. » (*Ouvr. cité*, p. 64).

doctrine officielle de l'Eglise ou pour détourner de ses auditeurs la pensée trop humaine qu'il eût été bon époux et bon père, il se met à « parler d'un autre idéal de bonheur réservé à ces privilégiés dont Jésus-Christ a dit : Que celui qui peut comprendre comprenne (1). »

Saint Paul dont vous venez d'entendre la belle doctrine sur le mariage chrétien, mettait si haut les joies douloureuses du sacrifice qu'il n'a point craint de dire : « Je voudrais que vous fussiez tous comme moi ; mais chacun a son don particulier selon qu'il le reçoit de Dieu » (2).

C'est là le mystère de cet amour surhumain, de cet enthousiasme surnaturel que le P. Lacordaire a décrit dans une page, qui est comme le reflet de sa vie :

« Oui, le sacerdoce est une immolation de l'homme ajoutée à celle de Dieu, et celui-là y est appelé qui sent dans son cœur le prix et la beauté des âmes. Quiconque, ici-bas, sous l'enveloppe douloureuse qui nous presse et nous obscurcit, reconnaît l'image immortelle de

<hr>

(1) Matthieu, ch. XIX, 12.
(2) I Cor., ch. VII, v. 7.

Dieu ; quiconque y discerne, malgré le péché, la ruine et la désolation, un tel et si cher objet d'amour qu'il en voudrait mourir, celui-là porte dans un vase fragile un grand trésor. Il est du sang qui se verse pour le salut ; il entend quelque part, plus haut que toute chose, cette douce et pénétrante parole : *Tu es sacerdos in æternum !* Tu es prêtre éternellement » (1).

Non, ce n'est pas le christianisme, c'est la doctrine de la matière qui ferme la porte au bonheur. Le christianisme l'ouvre, au contraire, à tous ; il dispense largement, catholiquement, dans le sens le plus vaste de ce grand mot, ce bienfait céleste que Dieu veut nous faire entrevoir ici-bas pour mettre en nos cœurs un plus ardent désir de l'éternel rassasiement (2).

De la réforme de l'Eglise, l'abbé Perraud écarte même toute pensée dans ses conférences. Il croit préparer la rénovation indirectement. Acceptation de tous les progrès, silence sur ce qui est suranné, interprétation symbolique de la Bible, désaveu de l'Inquisition, de

----

(1) Panégyrique du bienheureux Fourier.
(2) Conférence citée, p. 154-156.

l'ancien régime, des doctrines du Syllabus, tels sont les moyens qui lui semblent destinés à réconcilier l'Eglise et la société moderne. Il espère d'autant plus dans ces moyens que ce sont les seuls qu'il lui soit possible d'employer et que son ami M. Hyacinthe Loyson a échoué dans sa tentative déclarée de réforme. Quant à celui-ci, malgré l'opinion de Charles Perraud, il persistait à penser que si tous ceux qui désiraient la réforme l'avaient suivi, elle se serait réalisée. Le 1er février 1883, il s'en exprimait ainsi au conférencier de Saint-Ambroise :

Vous savez que je fais toujours les meilleurs souhaits pour vous et que je désire, sans l'espérer beaucoup, vous voir un jour promouvoir, avec vos amis, une véritable réforme dans le sein de l'Eglise romaine. Le devoir de ceux qui pensaient comme moi était de me suivre courageusement sur le terrain dogmatique de la protestation contre l'infaillibilité du pape, qui est une erreur patente ou un non-sens ridicule, et sur le terrain moral de la liberté du mariage des prêtres qui, soit en elle-même, soit dans ses conséquences, est une des réformes les plus urgentes qui s'imposent à l'Eglise et aux consciences. Au lieu de cela, ils se sont réfugiés dans des réticences et des compromis sans grandeur comme sans efficacité, et ils m'ont abandonné dans la lutte surhumaine où Dieu seul m'a soutenu.

Que Dieu leur pardonne le mal qu'ils m'ont fait, et qu'ils ont fait à sa cause sans le vouloir ! Quant à moi, je ne les en aimerai pas moins.

L'autorité usurpée dans l'Eglise et la défaillance des consciences catholiques devant elle, la *liberté* corrompue dans l'Etat et la connivence des peurs et des calculs des uns avec le fanatisme des autres ; voilà les deux maux opposés et semblables dont nous souffrons et dont nous mourrons comme catholiques et comme français. La vérité et la justice pouvaient seules nous sauver, et pas plus dans l'ordre politique que dans l'ordre religieux, nous n'avons cru à la vérité et à la justice, et nous n'avons essayé d'en être les soldats, et, au besoin, les martyrs.

Si les succès oratoires de Charles Perraud le débarrassèrent des préoccupations d'argent, en ramenant l'aisance à son foyer, ils ne furent pas sans lui créer de nouvelles difficultés. Des admiratrices rêvèrent à l'honneur et au bonheur de lui faire du bien et de s'occuper de sa maison. Quand elles allèrent le visiter, elles virent que la place était prise. Elles se demandèrent quelle était cette étrangère qui venait parfois ouvrir la porte. Pour une gouvernante, elle paraissait extraordinairement considérée de son maître. Lorsqu'il donnait une conférence, elle arrivait toujours avec lui dans une voiture fermée et, immédiatement après le discours, ils repartaient ensemble dans la même voiture. Une femme jalouse résolut de faire une enquête. Elle alla parler à un ami intime de Charles Perraud, l'abbé Bernard, curé de Saint-Jacques du Haut-Pas, qui n'aimait pas Mme Duval, et qui la nomma en laissant percer une partie du mystère. Sachant le nom, on put rechercher le passé. Il était insignifiant. Dès lors, Charles Perraud subit de la part de quelques femmes des scènes de jalousie et put craindre d'être trahi. Il ne voulut pas néanmoins changer son genre de vie et préféra attendre les événements. On l'aimait assez pour ne pas le dénoncer ni à l'autorité diocésaine, ni à l'opinion publique, et son secret ne fut pas ébruité.

VII

LA MORT DE L'EPOUSE

(1887)

Au mois de février 1886, Mme Duval souffrit beaucoup d'une pleurésie. En février 1887, elle eut une rechute si grave qu'elle ne devait plus guérir. Le 19 août, M. Hyacinthe Loyson écrivait la lettre suivante à Charles Perraud qui hésitait entre ses occupations sacerdotales et les soins qu'il devait à sa compagne :

Vous avez dévoué votre vie, à l'encontre des préjugés ecclésiastiques et des préjugés mondains, à une grande et pure affection. J'aurais voulu, vous le savez, que ce dévouement revêtît une autre forme. Vous auriez trouvé tous les deux dans cet acte de courage héroïque une bénédiction plus abondante de Dieu, une approbation plus entière de votre conscience, une paix et une joie de l'âme que vous n'avez qu'imparfaitement goûtées.

Dieu n'en est pas moins avec votre amour, et il vous tient compte de la puissance des chaînes séculaires que vous n'avez pu rompre. Je le prie de toute mon âme de vous conserver celle qui est réellement votre épouse devant lui, et de vous donner les moyens de faire pour elle tout ce que vous devez dans de si décisives circonstances. Vos travaux de Paris peuvent être remis à plus tard, le voyage de Pau ne le peut pas.

Soyez mon interprète auprès de la chère malade, et croyez toujours, mon très cher ami, à mon entier, cordial et religieux dévouement. *In Christo Jesu et in Ecclesia Christiana Catholica.*

Ils partirent pour Pau. Mme Duval y consuma ses dernières forces. Charles la combla de soins et elle lui témoigna la reconnaissance la plus attendrie. Elle l'avait entouré de respect comme un prêtre. Jusqu'à la fin, elle l'appela : « Monsieur l'abbé » et lui dit « vous », même dans l'intimité. Elle-même se considérait comme la femme d'un prêtre et se croyait tenue aux pratiques de la dévotion. Elle récitait chaque jour un chapelet. Quand elle sentit sa fin prochaine, elle prit la résolution de communier tous les huit jours, et Charles Perraud lui apportait la communion. Un jour, il lui dit : « Nous avons agi selon notre conscience, mais peut-être nous sommes-nous trompés. Désirez-vous vous confesser à un autre prêtre ? » « Non, répondit-elle, avec douceur et fermeté. Nous avons bien fait, et jamais je ne donnerai ma confiance à un autre prêtre qu'à vous. » Son agonie fut longue, calme, pleine de tendresse pour l'époux qu'elle laissait, pleine de piété pour Dieu devant lequel elle allait comparaître. Quand Charles vit qu'elle n'avait plus que quelques heures à vivre, il lui lut les litanies de la bonne mort dans le livre d'heures de la marquise d'Andelarre (1) et elle s'unit à sa prière.

« O bon Jésus, je me présente devant vous avec un cœur brisé de douleur, humilié et

____

(1) *Heures choisies ou Recueil de prières pour tous les besoins de la vie*, par Claude-Agathe Jacquot-Rouhier, marquise d'Andelarre. Ce livre a eu un très grand nombre d'éditions à Dijon et à Limoges ; la première parut en 1816.

comme réduit en cendres. Je vous recommande ma dernière heure et ce qui doit la suivre.

« Quand mes yeux troublés et obscurcis des approches de la mort porteront leurs regards tristes et mourants sur vous, miséricordieux Jésus, ayez pitié de moi !

« Quand mes lèvres froides, livides et tremblantes prononceront, pour la dernière fois, votre adorable nom, miséricordieux Jésus, ayez pitié de moi !

« Quand mes joues pâles et enfoncées inspireront aux assistants la compassion et la terreur, miséricordieux Jésus, ayez pitié de moi !

« Quand mes cheveux, trempés des sueurs de l'agonie sembleront s'élever sur ma tête et m'annonceront ma destruction prochaine, miséricordieux Jésus, ayez pitié de moi !

« Quand mes oreilles, près de se fermer pour toujours aux discours des hommes, trembleront d'entendre à tout moment votre voix prête à prononcer l'arrêt porté contre tous les hommes, ô miséricordieux Jésus, ayez pitié de moi !

« Quand mes pieds, immobiles et incapables de transporter mon corps d'un lieu à un autre, m'avertiront que ma carrière en ce monde est près de finir, miséricordieux Jésus, ayez pitié de moi !

« Quand mon imagination agitée de fantômes sombres et effrayants, me plongera dans des angoisses mortelles, miséricordieux Jésus, ayez pitié de moi !

« Quand mon esprit troublé par la vue de mes iniquités et par la crainte de votre justice, luttera contre l'ange des ténèbres voulant me dérober à la vue de vos miséricordes et me jeter dans le désespoir, miséricordieux Jésus, ayez pitié de moi !

« Quand mon faible cœur, déjà accablé par la douleur de la maladie, sera saisi des horreurs de la mort et comme percé de mille traits par les efforts qu'il aura à faire contre les ennemis de son salut et l'attachement à la vie, miséricordieux Jésus, ayez pitié de moi !

« Quand mes parents et mes amis, assemblés autour de moi, s'attendriront sur mon état et vous invoqueront pour moi, miséricordieux Jésus, ayez pitié de moi !

« Quand j'aurai perdu l'usage de tous mes sens et que le monde aura comme disparu pour moi, miséricordieux Jésus, ayez pitié de moi !

« Quand je verserai les dernières larmes, derniers symptômes de la mort, recevez-les en sacrifice d'expiation, afin que ces larmes sanctifiées par la pénitence me fassent expirer comme une victime de cette vertu, miséricordieux Jésus, ayez pitié de moi !

« Quand je serai dans l'oppression meurtrière de mon agonie et dans le travail de la mort, miséricordieux Jésus, ayez pitié de moi !

« Quand les derniers soupirs de mon cœur, avant-coureurs de la mort, presseront mon âme de sortir de mon corps, acceptez-les comme une sainte impatience d'aller à vous et de vous obéir : miséricordieux Jésus, ayez pitié de moi !

« Quand mon âme, sur les bords de mes lèvres, sortira pour jamais de ce monde, et laissera mon corps pâle, glacé et sans vie, acceptez la destruction de mon être comme un hommage que je veux rendre à votre divine Majesté : miséricordieux Jésus, ayez pitié de moi !

« Enfin, quand mon âme paraîtra devant vous seul, et qu'elle verra pour la première fois l'éclat de votre sainteté, ne la rejetez pas de devant votre face adorable : miséricordieux Jésus, ayaz pitié de moi ! »

Lorsque Mme Duval eut rendu le dernier soupir, l'abbé lui ferma les yeux. Il ramena

son corps à Paris, dans le tombeau qu'elle
s'était elle-même préparé, et où elle avait trans-
féré les restes de son enfant bien-aimé (1).

______

(1) Mᵐᵉ Duval mourut le lundi 19 décembre 1887. Le
journal de M. Loyson conserve l'indication de deux lettres qu'il reçut de son ami pendant son triste séjour à
Pau :
22 novembre. — « Lettre déchirante de l'abbé Charles
Perraud (Pau, 18, rue Henri IV), qui voit mourir son
amie, Mᵐᵉ Duval, dans d'atroces douleurs et dans une
sublime résignation. »
23 décembre. — « Ma chère *sainte* martyre est montée
« au ciel lundi soir à 11 h. 1/2. » Lettre de l'abbé Charles Perraud. »
Les détails de la mort de Mᵐᵉ Duval furent racontés
par Charles Perraud à M. et à Mᵐᵉ Hyacinthe Loyson,
dans une visite qu'il leur fit et que M. Loyson a notée
dans son journal en ces termes :
6 mars 1888. — « Bonne visite de l'abbé Perraud. C'est
une très grande âme, une très sainte âme de l'Eglise
nouvelle, quoique dans les cadres de l'Eglise ancienne. Il
nous a raconté, en pleurant, la longue et magnifique agonie de son amie, de son *Epouse* devant Dieu, Mᵐᵉ Duval.
C'est lui qui l'a confessée, qui lui a donné (chaque 8
jours) la sainte Communion, qui a prié avec elle (les
saisissantes litanies pour la bonne mort dans le livre de
prières de la Mᵐᵉ d'Andelarre), qui lui a fermé les yeux
et a ramené son corps à Paris. Il compte la rejoindre
bientôt, mais il veut se sanctifier davantage avant de
mourir. »
Mᵐᵉ Duval fut inhumée le 24 décembre 1887 au cimetière du Sud (Montparnasse). Sa sépulture est au nu-
méro 12 Est de la 9ᵉ division, 9ᵉ ligne Nord. La pierre
tombale porte simplement l'inscription suivante : « Raymond Duval. Concession à perpétuité, n° 816. — 1875 ».

VIII

LE VEUVAGE

(1888-1892)

La vie de Charles Perraud était brisée. Il n'avait plus qu'un désir : rejoindre celle qu'il avait perdue, et profiter des délais que Dieu lui accordait pour « se sanctifier davantage » (1). A Madame Loyson qui, durant l'été de 1888, pour distraire sa douleur, lui adressait l'invitation d'aller au Mont-Dore, avec son mari et elle, il répondait tristement :

Autun, 23 juillet 1888.

CHÈRE MADAME,

Votre affectueux souvenir m'a touché, et aussi votre compassion, qui ne saurait jamais être trop grande.

---

(1) Voyez ci-dessus, page 97, fin de la note.

Si j'osais, je dirais que je remercie Dieu de l'intensité de mon chagrin, et que je lui demande de l'accroître au lieu de le diminuer jusqu'à mon dernier soupir.

N'est-ce pas une grâce, prédestinée peut-être pour mon salut, de me sentir plus mort que vivant, et de conserver toutefois juste assez de force physique et morale pour essayer d'agir, tant que la Providence me laissera dans cette triste vie.

Oh ! non, je n'aimerais pas à retourner au Mont-Dore ; j'y retrouverais trop de déchirants souvenirs ; mais soyez sûrs, tous les deux, que ma pensée et ma prière vous y suivront.

J'espère que notre ami fera le traitement plutôt par précaution que par nécessité.

Vous me donnerez de ses nouvelles, n'est-il pas vrai, en lui recommandant de toujours prier beaucoup pour moi.

C'est ici que je passerai presque toutes mes vacances. Le courage me manque pour aller, comme autrefois, dans les milieux où il faut avoir de l'entrain et de la gaieté.

Ici, du moins, j'ai une solitude relative et une sorte de vie monastique qui conviennent mieux aux aspirations et aux besoins d'un cœur brisé.

Croyez toujours, chère Madame, à mon respectueux et vrai dévouement.

CHARLES PERRAUD.

A partir de cette époque, la manière de prêcher de l'abbé Perraud subit un changement notable. Jusque-là, il s'était volontiers consacré aux conférences. Dès lors, il s'appliqua moins à persuader ses auditeurs de mener une vie chrétienne qu'à les consoler ou à se consoler avec eux des douleurs de la vie. Après avoir été bon conférencier, il excella dans l'homélie. Il aimait à expliquer, au point de vue sentimental, un texte de l'Evangile ou à en commenter une parabole ou un miracle. L'onction avec laquelle il s'exprimait gagnait les cœurs. Il se mit ainsi à composer un petit livre touchant : *Les Méditations sur les sept paroles de N.-S. J.-C. en Croix* (1) et il lui donna cette dédicace : « A la mémoire des chères âmes qui m'attendent auprès de Dieu. » Ce livre est son chef-d'œuvre, le testament de toute une vie de désolation.

----

(1) La 1ʳᵉ édition parut au commencement de 1890 (Paris, Chapellicz).

6.

Charles Perraud écrivait au mois de juillet 1873 : « Pourquoi Dieu permet-il les existences où une douleur atroce va toujours croissant, jusqu'à ce qu'elle tue (1) ? » Combien de fois, pendant combien d'années, ce lamentable pourquoi n'a-t-il pas obsédé la pensée de celui qui a rédigé la méditation suivante :

Oh ! l'affreuse douleur que de demander toujours pourquoi, et de ne recevoir jamais de réponse ! Au moins, lorsque l'enfant répète ce mot, qui revient incessamment sur ses lèvres, il le dit avec une certaine douceur, parce que les réponses bienveillantes du père ou de la mère lui donnent la joie d'une découverte et la surprise de la nouveauté. Mais moi, qui ne suis plus un enfant, et qui n'ai personne à qui me confier, je tourne et je retourne dans mon esprit ces insolubles problèmes, et, quand je me suis épuisé à lire, à étudier, à comparer, je ne vois pas plus clair qu'auparavant, et, jusque dans mes insomnies ou dans un sommeil qui me fatigue, je suis poursuivi par l'éternel pourquoi.

____

(1) Voyez ci-dessus, chapitre III, p. 42.

Oh ! oui, pourquoi y a-t-il tant de souffrances inutiles et imméritées sur la terre ? Pourquoi les uns meurent-ils de faim, pendant que
les autres ont toutes les jouissances de la richesse et toutes les splendeurs du luxe ? Pourquoi des aveugles-nés, des sourds-muets, des
lépreux, des paralytiques ? Pourquoi des êtres
innocents sont-ils torturés leur vie entière
par des plaies hideuses ? Pourquoi y a-t-il des
mères qui tuent leur enfant et des fils qui
assassinent leur père ?

Pourquoi cette fureur de volupté allumée
dans nos veines, qui brûle notre sang, et nous
martyrise bien plus qu'elle ne nous enivre, et
qui, sous le nom trompeur d'amour, multiplie
les crimes dans l'humanité ?

Pour échapper à tant de tourments, je ferme
tous les livres. J'entrerai dans une église, je
m'agenouillerai avec tous les fidèles, j'essaierai de m'unir à leurs prières, de croire, d'aimer et d'adorer comme eux. Et voici que mon
esprit s'échappe malgré moi, et m'emporte
bien loin du temple où j'ai cherché un refuge,
et de l'autel où j'espérais reconnaître et sentir
la présence de Dieu.

Le livre que j'ai lu hier revient importun,
impitoyable, odieux, mais influent et domina-

teur, murmurer à mon oreille des objections, des pourquoi terribles qui enchaînent la prière sur mes lèvres et qui arrêtent mon adoration. Cependant, j'ouvre l'Evangile que j'avais apporté avec moi, et, par une permission divine, mes yeux tombent sur une page de la Passion. J'aime ce récit d'une tristesse mourante, et, quand j'arrive à ce cri d'angoisse : « Mon Dieu, mon Dieu, pourquoi m'avez-vous abandonné? », il me semble que mes révoltes s'apaisent, et, voyant le Christ partager ma souffrance, je deviens plus calme près de sa croix, autour de laquelle il s'est fait comme en nos deux âmes, une profonde nuit.

Si la lumière s'est voilée aux yeux de Celui qui a dit : « Je suis la lumière du monde », et s'il a demandé « pourquoi » sans obtenir de réponse, comment l'homme infime que je suis n'aurait-il pas ses heures de ténèbres et ses jours d'obscurité ?

Usons donc enfin de notre raison, et essayons d'avoir une ombre de philosophie, et nos épreuves personnelles ne nous jetteront plus dans cette consternation, et les souffrances des hommes ne nous feront plus douter de la bonté de Dieu. Nous voudrions savoir le pourquoi de toutes choses, c'est un désir inhérent à la nature de notre esprit avide de vérité, c'est un besoin pour nos cœurs, que l'injustice révolte et que scandalise la souffrance.

Mais, si l'explication des détails nous manque, n'avons-nous pas le principe général de toutes les explications ? La raison et la foi ne nous disent-elles pas que Dieu est souverainement sage et infiniment bon ? Si tous les mystères étaient dévoilés, quel mérite aurions-nous à croire, et ne perdrions-nous pas la béatitude promise par Jésus-Christ à ceux qui croiront sans avoir vu ? Ce n'est pas au temps de l'épreuve, mais au jour de la récompense que doit apparaître à nos regards ravis l'harmonie du plan divin, la raison providentielle de nos douleurs, l'évidence, la splendeur, l'éblouissement de l'infinie bonté.

Le cœur humain a des désolations encore plus cruelles que toutes les souffrances de l'esprit.

Je n'essaierai pas de les énumérer ici, ni même d'en donner une idée. Quel est l'homme qui, à certains jours de sa vie, et bien souvent peut-être, n'ait pas redit en pleurant la plainte si touchante du prêtre au pied de l'autel : « O mon âme, pourquoi es-tu si triste et pourquoi me troubles-tu ? »

Dans l'excès de mon affliction, j'appelle au

secours, et nul ne me répond. Personne au ciel pour m'écouter, et, sur la terre, personne pour me venir en aide.

Malgré mes supplications, la douleur physique ou morale continue en moi son œuvre impitoyable. Les choses et les événements poursuivent leur cours, et les lois inexorables de la nature m'écrasent sans entendre mes cris ni regarder mes larmes. Nulle part, Dieu n'appparaît ni n'intervient quand sa créature en détresse l'appelle. Est-il sourd et sans pitié ? S'il m'entend, pourquoi ne me délivre-t-il pas ? et s'il ne m'entend pas, peut-on dire qu'il existe ?

Tout va contre mes désirs et contre mes espérances. Je voulais faire le bien, et j'ai fait le mal. J'allais saisir le bonheur, il m'a échappé. L'être que j'aimais, la mort me l'a pris. C'était l'enfant de ma prédilection ; hier, il animait tout de ses cris joyeux, et, le soir, je le contemplais avec ravissement lorsqu'il s'endormait dans son berceau. Aujourd'hui ses yeux grands ouverts ne me voient plus, nul souffle ne sort de ses lèvres livides, et demain il faudra jeter ce chef-d'œuvre de beauté, cette merveille de grâce, comme une vile proie, aux vers du tombeau. Quel est le prêtre qui n'ait entendu sur les lèvres des infortunés de toutes les catégories ce mot déchirant : « Mais vous voyez bien que la Providence m'a abandonné » !

J'avais fondé ma vie et appuyé mon avenir sur un amour approuvé de Dieu, et tout à coup, sans raison, et contre toute raison, sans justice et contre toute justice, l'édifice de mon bonheur s'est écroulé ! Ma joie m'a été arrachée, la lumière a disparu de mon horizon, mon âme a perdu son âme, et je reste seul dans un monde sans soleil, dans une atmosphère où je ne respire plus.

C'est un abrégé de tous ces désespoirs que Jésus a concentrés en cet instant dont la durée nous est inconnue, mais qui a suffi à lui faire connaître l'inénarrable douleur du suprême abandon. Il a voulu goûter par lui-même ce que souffre la pauvre créature humaine qui ne voit plus rien, ne sait plus rien, ne croit plus à rien, ne compte plus sur personne, et n'attend plus ni remède, ni soulagement, ni consolation.

Il a voulu expérimenter jusqu'à ce désespoir affreux qui s'empare de l'homme, lorsque, traqué pour ainsi dire, par tout ce qui l'entoure, il se retire au-dedans de lui-même dans une morne tristesse, dans un insurmontable et

universel dégoût. Que dis-je ? à la tristesse et
au dégoût, on voit succéder parfois une sorte
de rage sourde, et alors l'être humain, qui se
tord dans la douleur, se retourne contre Dieu,
et, dans sa folie, essaie de se soulager en blas-
phémant.

Jésus a voulu jeter ce cri parce que, sachant
qu'un grand nombre de malheureux ne pourraient le retenir sur leurs lèvres, il excusait
d'avance leur désespoir en se plaignant comme
eux.

O bien-aimé Sauveur, votre voix montera
plus haut que celle des désespérés : jusqu'à la
fin des temps, elle couvrira le lugubre retentissement des murmures et des imprécations
que l'excès de la douleur arrache trop souvent
à notre faiblesse, elle sera comme le bouclier
des blasphèmes humains.

Pour devenir l'ami des désespérés, et pour
pouvoir les attirer à vous et les sauver, vous
avez voulu leur ressembler et devenir leur égal
en misère ; pour les retirer de l'abîme, vous
avez eu le courage d'y descendre avec eux (1).

––––––––––

(1) IVe méditation, sur la parole : *Mon Dieu, mon Dieu,
pourquoi m'avez-vous abandonné ?* pages 111-120.

L'abbé Perraud avait projeté d'écrire à la suite des *Méditations sur les sept paroles* un livre qui devait avoir pour titre : *Paroles de la vie éternelle*, et dans lequel il se proposait de commenter toutes les paroles du Sauveur sur le Ciel, en les expliquant par l'enseignement des grands théologiens. Les problèmes de la vie future exerçaient sur lui une attraction mystérieuse,et quand il était arrêté par quelque difficulté et que les théologiens lui semblaient manquer de précision : « Décidément, disait-il avec son doux sourire, il faudra que j'y aille voir moi-même (1). »

Grand distributeur de consolations, prédicateur renommé, directeur recherché, Charles Perraud fut alors accablé d'honoraires et de cadeaux. La fortune dont il n'avait plus besoin, il la donna à une œuvre qui, déjà depuis longtemps lui était chère : celle qui se consacre au soulagement d'êtres nés dans la douleur et voués irrémédiablement à la dou-

---

(1) Lacroix, lieu cité, p. 21.

leur; pour toute leur vie ; les enfants incurables (1).

---

(1) « Les amis de Charles Perraud affirment que par
ses prédications publiques et plus encore par ses sollici-
tations privées, il fit donner plus de 400.000 francs à la
maison des Incurables de la rue Lecourbe. Il était le
président du comité des Dames ; et chaque fois qu'il avait
à parler pour cette œuvre, il aimait à aller passer une
journée entière au milieu des enfants infirmes, afin de se
pénétrer de son sujet, et en sortant de là, il disait que
cette maison était un véritable *paradis de la douleur*. »
Lacroix, lieu cité, p. 14. — Sur l'histoire de la maison
de la rue Lecourbe, on peut consulter Maxime du Camp,
La charité privée à Paris, chapitre *Les enfants scrofu-
leux*.

IX

LA MORT

(1892)

Aux premiers jours de l'année 1892, Charles Perraud fut atteint d'une pneumonie qui effraya tous ses amis et découragea bientôt leurs espérances. Le 10 janvier, l'évêque d'Autun arrivait près de lui, et il ne devait plus le quitter.

Le 13 janvier, jour où il accomplissait sa soixante et unième année, le malade, nonobstant un mieux illusoire et passager, voulut recevoir de la main de son frère les derniers sacrements. « C'est pour l'exemple, disait-il. C'est bien le moins que nous fassions nous-mêmes ce que nous enseignons aux fidèles (1). » A partir de ce jour, il communia plus d'une fois encore.

Quelques amis de choix se succédaient dans la chambre ou le salon du malade ; d'autres venaient, chaque jour, ou même plusieurs fois le jour, demander de ses nouvelles. Charles Perraud les reçut tous, et leur fit des adieux à tous, exécutant ainsi le programme qu'il semblait avoir tracé dans la dernière de ses *Méditations sur les sept paroles* :

N'attendez pas pour dire adieu à ceux que vous laissez, et pour saluer ceux qui là-haut vous attendent, que votre pauvre corps se débatte dans les dernières convulsions et dans les étreintes suprêmes de l'agonie. N'attendez pas que toute force vous abandonne, et que votre corps épuisé entraîne avec lui votre esprit dans un irrésistible et insurmontable sommeil. Au contraire, ceux qui se voient mourir devraient toujours rompre les premiers ce douloureux, ce lugubre, ce définitif silence, qui, trop souvent, entoure et assombrit l'heure que l'éternelle lumière devrait éclairer déjà.

______

(1) Lacroix, p. 30.

N'est-ce pas à celui qui est le plus élevé en dignité qu'appartient l'honneur de prendre le premier la parole ?

N'est-ce pas au supérieur à donner ses instructions à ceux qui sont au-dessous de lui ?

Or quelle que soit l'inégalité des conditions et la différence même des âges, dans la chambre d'un mourant, c'est lui qui occupe la première place...

Ceux qui meurent à l'exemple de Jésus-Christ ne trouvent-ils pas, pour consoler, pour exhorter ceux qu'ils abandonnent, des accents d'une pénétration, d'une puissance, parfois même d'une majesté qui étonne et subjugue ?

C'est qu'alors, arrivée au seuil de l'éternité, l'âme qui « voit Dieu de l'autre côté de la mort », n'aperçoit plus la terre avec ses joies et ses douleurs que comme un point imperceptible.

Elle n'entend plus les rumeurs de la foule, ni les bruits des conversations ou des affaires humaines ; elle ne prête son attention qu'aux mystérieux et pressants appels de l'époux qui s'approche, et qui l'invite à s'asseoir avec lui à l'éternel festin (1).

---

(1) *Méditations sur les sept paroles* ; septième méditation (L'abandon filial entre les mains divines), p. 211-213.

Charles Perraud adressa au Père Largent, dans la matinée du dimanche 17 janvier, ses adieux et ses recommandations suprêmes :

« Je crois, lui dit-il d'une voix haletante, que je ne réchapperai pas. Malgré mes péchés, je meurs avec une invincible confiance dans la miséricorde de Dieu. On croit souvent les hommes meilleurs qu'ils ne sont, et on ne prie pas pour eux. Il y a bien longtemps que nous nous aimons. Vous prierez pour moi, et, de mon côté, si Dieu, comme je l'espère, me fait miséricorde, je prierai pour vous. Je vais vous bénir, et, avec vous, le Père Lescœur et tout l'Oratoire. »

Il le bénit. Le Père Largent lui baisa les mains et le front et se retira.

Le 18 janvier, le Père Largent revint vers cinq heures du soir. Il fut reçu par l'évêque d'Autun qui lui dit : « Il faut prier pour que les délais soient abrégés. L'angoisse le prend... » Le Père Largent serra et baisa la main de Charles Perraud qui le bénit en silence.

Le dernier jour, les dernières heures du

moribond ont été racontées par l'abbé Planus,
secrétaire de l'évêque d'Autun, qui vint assister son prélat.

« L'approche du dénouement se faisait visi-
blement sentir. Vers midi, la respiration
courte, saccadée, bruyante, ressemblait à un
commencement de râle. Une accalmie se pro-
duisit encore. Le mourant se lassait d'être
ainsi ramené en arrière, quand il avait cru
toucher le terme. Il se lassait, mais il ne per-
dait rien... ni de la lucidité de son esprit, ni
de la fermeté de son courage. On peut dire
que jusqu'à la fin..., il s'est possédé tout entier. Jusqu'à la fin, il bénissait les intimes.
Oui, sans doute, mais aussi les petits, les
humbles, toujours les pauvres... sa vieille
servante, une jeune enfant du voisinage qui
lui avait rendu des services, le concierge de
la maison. *Evangelizare pauperibus misit
me.* »

Quand il fut évident que la fin approchait,
l'évêque récita les prières liturgiques de « la
recommandation de l'âme ». Puis Charles lui
demanda de lire à haute voix dans le livre
d'heures de la marquise d'Andelarre, qu'il

avait conservé comme une relique, les litanies de la bonne mort.

« Le malade, dit M. Planus, attentif à ne rien perdre de ces paroles, parce' qu'il les avait lui-même murmurées à des mourants, n'ayant plus la force de répondre : Miséricordieux Jésus, ayez pitié de moi ! à chaque invocation nouvelle se contentait d'approcher ses lèvres de son crucifix et de le baiser. »

« L'évêque suggérait à son frère des pensées et des aspirations pieuses dont il empruntait la formule à l'Ecriture. Au dernier moment, il lui redit cet appel de saint Jean dans l'Apocalypse : *Veni Domine Jesu* (1), cri suprême par lequel s'achève le livre des révélations divines, et par lequel doit finir la vie chrétienne.

« L'évêque dit encore au mourant : « Mon cher enfant, notre mère t'a mis au monde pour la vie présente, et moi, je ne te quitterai pas avant de t'avoir déposé sur le seuil de la vie éternelle. »

____

(1) « Venez, Seigneur Jésus. » (Apoc. XXII, 20).

« Oui », répondit le moribond d'une voix
éteinte. On entendit deux ou trois souffles plus
lents, plus faibles, et ce fut fini (1) ».

Charles Perraud voulut que le volume de
l'Evangile dont il se servait constamment
fût placé sur son cœur, dans son cercueil.
Quant à ses funérailles, il les avait réglées
lui-même dans son testament par la clause
suivante :

« J'exprime la volonté expresse de n'avoir
à mon service funèbre que ce qu'on fait pour
une petite sœur des pauvres. Mon légataire
universel et exécuteur testamentaire remettra
à M. le curé de la paroisse pour ses pauvres,
la somme équivalente aux frais d'un service de
classe supérieure. J'interdis de la manière la
plus formelle qu'on apporte des fleurs et des
couronnes soit sur mon lit mortuaire, soit à
l'église sur mon cercueil (2) ».

Il fut fait selon ses volontés. A Saint-Pierre-
du-Gros-Caillou, l'église paroissiale du défunt,
le mercredi 20 janvier, le cercueil reposa

____

(1) Il mourut le 18 au soir, vers 5 heures.
(2) Lacroix, p. 4.

entre quatre cierges sur de pauvres tréteaux. Il y eut des chants, mais les artistes qui les exécutèrent furent les petits incurables de la rue Lecourbe, pauvres enfants aveugles, infirmes et estropiés, dont les rangs pressés remplissaient les nefs latérales.

Une énorme assistance témoignait de l'affection et de la sympathie que le défunt avait inspirées. Outre les notabilités du monde religieux, on y remarquait le maréchal de Mac-Mahon, ancien président de la République, le duc Albert de Broglie, Camille Rousset, Sully-Prudhomme, le comte d'Haussonville, le vicomte de Vogüé, de l'Académie française ; Henri Wallon, secrétaire perpétuel de l'Académie des Inscriptions et Belles-Lettres ; M. Georges Picot, de l'Académie des sciences morales et politiques ; Auguste Nisard ; M. Henri Schneider ; M. de Lamarzelle, le sénateur, Adrien Hébrard, beaucoup d'hommes et de femmes du monde, beaucoup de jeunes gens, les habitués des églises où il avait prêché.

Au sortir de l'église, quand le cortège se mit en marche pour le cimetière Montparnasse, l'évêque d'Autun qui conduisait le deuil, se détourna et promena sur ce défilé long et distingué un regard satisfait (1).

Ce jour-là, M. Hyacinthe Loyson, malade, écrivait dans son journal :

20. — 11 heures. — Le corps de mon pauvre ami sort à cette heure de l'église pour se rendre au cimetière. J'étais trop souffrant pour assister à la cérémonie funèbre. Un soleil rougeâtre et sans rayons jette à ce moment une lueur très douce et très mélancolique sur son cercueil. Ame très droite, très pure, mais faible, qui n'a pas eu le courage de prendre sa place à côté de moi.

Et il envoyait à l'évêque d'Autun le billet suivant :

Le coup qui vous frappe si cruellement me frappe aussi, Monseigneur, et bien douloureusement. Je vous ai conservé mon estime et mes

____

(1) Ce détail m'a été donné par un témoin oculaire, ami et disciple du défunt.

Charles Perraud est inhumé dans le même caveau que son père et sa mère, au cimetière du Sud, sépulture n° 2, ouest, 4e ligne sud de la 12e division.

sympathies, mais le cher mort était resté pour moi l'ami des anciens jours.

Nous souffrions des mêmes abus, nous nourrissions les mêmes regrets et les mêmes désirs, et, comme il me le disait il n'y a pas longtemps, nous étions bien « de la même Eglise ».
Moi qui jusqu'à la fin avais toute sa confiance, je peux dire qu'il n'a pas été seulement un juste, mais un martyr.

Retenu par une indisposition qui pourrait devenir grave, je n'ai pu assister aujourd'hui à ses funérailles. Je tenais à vous dire que d'esprit, de cœur et de prière, j'étais et je reste avec vous comme avec lui.

X

EPILOGUE

(1892-1894)

Après la mort de Charles Perraud, M. Hyacinthe Loyson pria, à deux reprises, l'évêque d'Autun, de vouloir bien lui rendre des papiers qu'il avait autrefois confiés au défunt ainsi que les lettres qu'il lui avait adressées. Voici la réponse de l'évêque :

Paris, 13, Avenue Duquesne,

25 janvier 1892.

Monsieur,

C'est à peine si j'ai pu commencer à m'occuper des tristes détails matériels qui s'imposent après ces douloureuses séparations.

Cependant après avoir reçu vos deux lettres, j'ai fait une première perquisition qui n'a donné aucun résultat.

Mon frère était peu collectionneur, et d'habitude, il détruisait les lettres auxquelles il avait répondu.

Croyez bien que si de nouvelles recherches me faisaient trouver les documents que vous m'avez signalés, je m'empresserais de vous les remettre en échange des lettres de lui qui sont entre vos mains.

A cette réponse motivée par votre demande, veuillez ne pas trouver mauvais que j'ajoute quelques lignes. Il me semble qu'elles me sont dictées par celui dont j'ai soutenu et aidé pendant neuf jours la suprême immolation. Il a eu la grâce d'une mort admirable devant les hommes, et j'en ai le consolant espoir, précieuse devant Dieu. Son âme très aimante et très miséricordieuse compatissait à la situation si douloureuse dans laquelle vous êtes depuis plus de vingt ans et qui a fait verser tant de larmes à l'Eglise votre mère et à tant d'amis connus et inconnus. Mais sa charité si compatissante ne pouvait l'aveugler sur les droits de l'imprescriptible vérité ! Oh ! puissent ces voix d'outre-tombe, celle de notre cher ami Perreyve, du **P.** Gratry, la sienne — ces voix qui ne parlent pas la langue des contentions et des discussions de la terre, — être entendues de votre âme avant ce combat final de l'agonie et cette suprême crise de la mort où il fait si bon — comme le disait sainte Thérèse, — de pouvoir s'appuyer sur la maternité de l'Eglise dépositaire et ministre des ressources de l'infinie miséricorde.

Recevez, Monsieur, l'expression des sentiments bien sincères que m'inspire pour vous la charité de Jésus-Christ.

† Adolphe-Louis, év. d'Autun.

Lorsqu'il reçut cette lettre, M. Hyacinthe Loyson était très souffrant d'un anthrax qui avait pris immédiatement d'inquiétantes proportions et qui avait nécessité une opération. Il ne pouvait donc répondre. Madame Loyson s'en chargea. Elle fit observer à l'évêque combien son frère, l'abbé Perreyve et le P. Gratry étaient mal choisis, pour reprocher, plus ou moins directement, au Père Hyacinthe son mariage honnête et légal. L'abbé Charles avait contracté un mariage secret. Perreyve était mort dans le désespoir. Quant au Père Gratry, durant les années 1870-1871, c'est-à-dire fort peu de temps avant sa mort, il avait éprouvé une grande affection pour une dame que l'évêque d'Autun connaissait bien, et cette affection se serait terminée par un mariage, si ladite dame y avait consenti.

L'évêque répondit par le billet suivant :

Dimanche, 7 février 1892.

Madame E. Hyac. Loyson ne sera pas surprise, je pense, si je me borne à lui accuser réception de la lettre recommandée qui est arrivée ce matin. Y répondre serait une tâche trop cruelle, et d'ailleurs parfaitement inutile. Tout ce passé est remis à la justice et à la miséricorde de Dieu, dans lesquelles je veux me confier et me reposer.

Malgré toutes les recherches les plus minutieuses, je n'ai trouvé aucun des documents que m'avait réclamés M. H. L., dès le lendemain de la mort de mon frère. Dans le cas où il le jugerait à propos, je lui serais reconnaissant de me rendre les lettres de ce dernier. Je serai encore à Paris toute la semaine, 52, boulevard Malesherbes. J'avais appris avec peine par les journaux la pénible et dangereuse opération qu'il a subie. Je lui exprime, ainsi qu'à vous, Madame, tous mes vœux (1).

---

(1) La lettre n'est pas signée. L'adresse porte Mme Emilie Hyac. Loyson, 29, boulevard Inkermann, Neuilly (Seine).

M. Hyacinthe Loyson ne répondit pas et garda les lettres de son ami. C'est ainsi que la petite morale que l'évêque d'Autun s'était permis d'adresser au correspondant de son frère, l'empêcha de rentrer en possession de documents curieux qu'il aurait sûrement détruits.

Au mois de septembre 1894, M. Hyacinthe Loyson eut l'occasion de les relire. Il en fut si ému qu'il ne put s'empêcher d'adresser à l'évêque d'Autun la lettre suivante dont son journal a conservé la copie :

15 septembre 1894.

Monseigneur et ancien ami,

Je relis les lettres de votre cher et malheureux frère. Dans celle qu'il m'adressait le 1er juin 1878, la veille de l'une de ses conférences au Cirque d'Hiver auxquelles il assistait en vêtements laïques, il me disait :

« Courage quand même, cher ami, dites ce que vous pensez sans crainte de qui que ce soit ; là est votre seule force, votre véritable honneur ; et prenez pour devise : *Si Deus pro nobis, quis contra nos ?* Il faut, dans le temps où nous sommes, *avoir à peu près tout le monde contre soi pour être dans le vrai. Je prie pour le succès de demain* » (1).

Dans d'autres lettres, il me parle, d'une manière touchante et navrante à la fois, de celle qu'il a aimée, Madame Duval, à laquelle il était marié secrètement et qu'il a lui-même, à Pau, assistée à la mort.

Je n'ai jamais pu approuver le caractère secret de cette union, mais je ressentais pour eux un respect douloureux, car la force leur manquait à l'un comme à l'autre pour agir, selon leur devoir, au grand jour de Dieu et des hommes !

Vous ne pouvez avoir entièrement ignoré ces choses, Monseigneur, et c'est pourquoi vous vous méprenez étrangement, quand pour me rappeler au système de mensonge et de servitude qui a fait le long et douloureux martyre de votre frère et mon ami, Charles Perraud, vous me citez ses exemples en même temps que ceux également récusables du P. Gratry et de l'abbé Perreyve.

O Dieu ! quand seront déchirés tous ces voiles qui cachent la vérité de l'histoire dans

---

(1) L'original de cette lettre existe encore. Je ne l'ai pas citée ci-dessus à sa place chronologique parce qu'elle ne me semblait pas rentrer dans le fil de la narration.

l'Eglise du présent comme dans celle du passé !

Vous avez tort, Monseigneur, de mettre au service d'un tel système la noblesse de votre caractère, le talent de votre parole et de votre plume. Vous vous aveuglez volontairement vous-même, pour pouvoir affirmer ensuite que telle est la liberté joyeuse et sainte pour laquelle Jésus-Christ nous a rachetés, et tel le royaume de Dieu qu'il a voulu établir sur cette terre. Le Judaïsme valait mieux.

Je vous écris ces lignes sur le bord de la tombe où vous et moi auront bientôt rejoint votre frère.

L'évêque répliqua par retour du courrier. Sa lettre, aujourd'hui perdue ou égarée, toucha M. Hyacinthe Loyson et il y fit cette réponse :

17 septembre 1894.

Monseigneur et ancien ami,

Je n'ai point voulu raviver votre blessure, mais la lecture des lettres dont je vous ai parlé a, plus d'une fois, et bien cruellement aussi, ravivé la mienne. Voilà pourquoi, dans un mouvement d'indignation profonde que je ne pouvais maîtriser, je vous ai écrit ces lignes dont vous vous plaignez.

Mon indignation n'a point pour objet votre frère, qui fut l'un de mes meilleurs amis : je n'ai eu pour lui qu'affection, respect et pitié. Elle s'adresse au système dont vous êtes l'un des chefs les plus éminents et dont il fut l'une des victimes les plus lamentables, système qui l'a tué après avoir imposé à son âme, l'une des plus droites que j'ai connues, des actes qui n'étaient pas selon la droiture.

Je vous ai rappelé son mariage. Que ne pourrais-je pas dire de son adhésion à l'infaillibilité pontificale, telle qu'il me l'a expliquée lui-même, après l'avoir faite en recevant le titre de chanoine honoraire d'Autun ! « Le pape est infaillible quand il parle *ex cathedra*, mais nous manquons de criterium pour discerner quand il parle de la sorte. »

Quand, après la mort de son ancien confesseur, il en cherchait un autre qui pût comprendre et accepter son état intérieur, c'est moi qui lui désignai le P. Cédoz.

Je n'ai pas vu votre frère dans sa dernière maladie, et ma femme, qui était son amie, a reçu en mon absence la visite qu'il nous a faite peu de temps auparavant. Sans doute la crise aiguë qu'il avait subie s'était calmée, mais rien ne m'indique qu'il eût changé de manière de voir et de sentir.

Consolez-vous cependant, Monseigneur, car Dieu, — le vrai Dieu, non l'idole, — ne demande point, pour recevoir les âmes dans la plénitude de sa lumière et de son amour, les étranges conditions que vous supposez et qui se résument dans l'abdication de la raison et de la conscience aux pieds d'une fausse et abusive autorité humaine.

Là, au contraire, est la grande erreur et le grand crime du Catholicisme romain, et c'est en les frappant de ce glaive à deux tranchants qu'il tue les âmes, soit celles qu'il révolte contre Dieu, soit celles qu'il asservit à l'homme.

Soyez bien certain, Monseigneur, que je n'ai pas voulu vous faire souffrir. Je vous ai cru capable d'entendre la Vérité, peut-être, un jour, de lui obéir. En tout cas, j'ai pensé qu'il était de mon devoir de vous la dire.

Tels sont les documents qui ont permis de reconstituer cette esquisse de la carrière du chanoine Charles Perraud.

Elle fut douloureuse. Mais son âme sans fiel conserva les espérances surnaturelles, et il l'a déclaré lui-même, en avouant ses déceptions terrestres dans des lignes (1) qui semblent résumer sa carrière de prédicateur :

Un jour, à l'entrée même de la jeunesse, sans hésitation, que dis-je ? avec le plus confiant enthousiasme, on sacrifie tous les bonheurs et toutes les espérances terrestres pour annoncer l'Evangile, pour convertir et pour sauver les âmes. Ce n'est pas sur sa vertu ni sur son éloquence personnelle que compte le nouvel et éloquent apôtre, mais sur le charme divin de la doctrine du Christ, sur l'attrait surnaturel de ses promesses, sur l'éblouissante lumière de ses révélations.

L'Evangile ne renferme-t-il pas toute vérité, toute vertu, toute espérance, toute consolation ? N'a-t-il pas le secret du progrès et de la prospérité terrestres, en même temps qu'il nous ouvre les perspectives du ciel et qu'il nous aide à monter vers Dieu ?

Aussi avec quel charmant mélange de hardiesse et de timidité, de gravité précoce et de

---

(1) *Méditations sur les sept paroles*, V° méditation sur la parole : j'ai soif, pages 147-149.

naïveté juvénile, le prédicateur à ses débuts paraît devant l'assemblée des fidèles ! Que lui importent son inexpérience et sa faiblesse, il n'aura qu'à tenir l'Evangile tout grand ouvert et à dire : Regardez comme le Christ est divinement beau, et tout le monde se rendra.

Mais voici que son église demeure à moitié déserte, et parmi ceux qui viennent l'écouter, la plupart n'accordent à sa parole qu'une attention distraite. Enfin, malgré tous ses efforts, le pauvre zélé pasteur s'aperçoit que la foi n'a pas grandi dans sa paroisse, que les mœurs ne sont pas meilleures, et que, dans le plus grand nombre des âmes qui lui sont confiées, Dieu tient beaucoup moins de place que la vanité, le plaisir et l'argent. Elargissez l'horizon, et l'évêque ou le prédicateur en renom avoueront qu'ils n'ont guère moins de tristesses et de désillusions. Alors, pour ces âmes d'apôtres déçues dans leurs plus nobles desseins, frustrées dans leurs plus saintes espérances, quelles tentations de découragement, quelle sorte de stupéfaction douloureuse, quelle intensité de désirs dont Dieu seul est témoin, et que Dieu seul récompensera !

FIN

TABLE ALPHABÉTIQUE

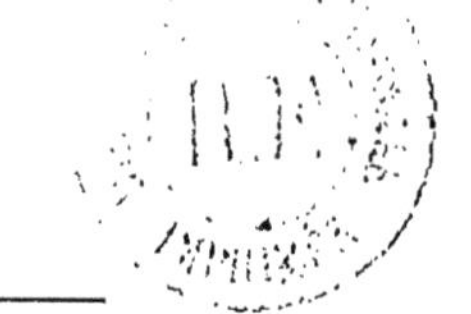

TABLE DES MATIÈRES

LA CRISE DU CLERGÉ

Cœnobium, mai-juin 1908, page 133 :

« Dans l'espace d'un an, la première édition de cet ouvrage a été épuisée et M. H. publie pour la seconde fois ce livre retentissant avec les modifications que les événements récents rendaient nécessaires. Le succès de son travail montre bien que M. H. ne se faisait pas illusion sur la profondeur et la gravité de la crise... L'auteur connaît les véritables périls de l'Eglise catholique : il les énumère avec franchise, en témoin scrupuleux qui ignore l'art des réticences et des falsifications agréables... » — D.

La Gazette de Lausanne, 5 avril 1907 :

« Ouvrage aussi admirable d'érudition que souple et nerveux de forme, d'un intérêt poignant. Document de la lutte entre ceux qui ne consentent pas au suicide du catholicisme et ceux qui opposent une tactique brutale à tous les essais de rénovation. » — Gaston Riou.

La Grande Revue, 25 mai 1907, p. 724 :

« Ce livre a tout l'intérêt d'un drame, et, pour les laïcs qui ne connaissent le clergé que par le dehors, il est une véritable révélation... » — Louis Ancel.

Revue internationale de Théologie, juillet-septembre 1908, p, 602 :

« ...Ce sujet qui touche à tant de personnes ne contient cependant aucune personnalité, tant l'auteur est maître de lui-même et de ses appréciations, tant sa critique est objective et en quelque sorte impersonnelle. Cette documentation ferme et serrée est de premier ordre. Aucune page n'est réfutable. Ce qui est dit de MM. Loisy, Duchesne, Tyrrell, de Meissas, etc., semble absolument fondé. On remarquera aussi le tableau comparatif entre les années 1877 et 1906, relativement au manque de prêtres ; après la suppression du budget des cultes, le péril s'aggrave terriblement... » — E. M.

L'Univers israélite, 12 avril 1907 :

« Etude palpitante d'actuel intérêt, d'une information abondante et sûre, d'une critique pénétrante et d'une rare franchise. » — Louis-Germain Lévy.

ÉVÊQUES ET DIOCÈSES

Bulletin des Bibliothèques populaires, février 1908, p. 25 :

« ...Espèces d'atlas intellectuel de la France ecclésiastique de ces dix dernières années, diocèse par diocèse. Le chapitre le plus savoureux est consacré à celui d'Autun et au cardinal Perraud : M. H. en a buriné un portrait impitoyable et qui restera. » — R. DURAND.

Bulletin mensuel de l'Industrie et de l'Agriculture, mai 1908, p. 29 :

« Ce nouveau livre se passe de tout éloge. En effet M. H. est l'homme de France le mieux renseigné sur les affaires religieuses. Il est aussi celui dont la plume use le plus volontiers du droit de dire la vérité, toute la vérité, si désagréable qu'elle puisse être... »

Le Censeur, 1er juin 1907, p. 150 :

« ...L'abbé Houtin est un ironiste cruel. C'est sa nature. C'est son talent. Il a fait un portrait du cardinal Perraud qui est délicieux de réalisme. Mais assurément il n'y a pas lieu d'exposer ce portrait dans le salon d'honneur de l'évêché d'Autun. Sur tous et sur chacun l'abbé Houtin dit son mot, toujours le mot juste parce que toujours le mot « rosse ». La stupidité majestueuse ou bonasse des prélats d'hier ou d'aujourd'hui, les roueries sournoises des prêtres arrivistes, leurs compétitions acharnées, leurs hypocrisies doucereuses, leurs dénonciations, leurs trahisons : nous devinons tout cela. Nous n'avons même plus besoin de le deviner puisque M. Houtin nous le révèle. Ah ! les prêtres sont des hommes comme les autres hommes. Dans certains milieux on souffrira plus de ces études qui ramènent les princes de l'Eglise au niveau de l'humanité, qu'on ne s'inquiétera des documents qu'elles fournissent sur la crise elle-même du clergé... » — J. ERNEST-CHARLES.

Revue critique d'histoire et de littérature, 23 juillet 1908, p. 57 :

« Curieuses esquisses d'histoire contemporaine et documents pour les futurs historiens de l'Eglise. » — A. L.

LA QUESTION BIBLIQUE AU XXᵉ SIÈCLE

Cultura sociale, 1ᵉʳ juin 1906 :

« Avec une évidente préoccupation de vérité scrupuleuse, l'auteur pose dans toute sa crudité la question biblique telle qu'elle ressort des études bibliques et des décisions de l'autorité dans les premières années du nouveau siècle. » — R. MURRI.

Demain, 20 avril 1907, p. 14 :

Peut-être reprochera-t-on à l'auteur, malgré la modération de son exposition et de sa critique, d'avoir déchiré d'une main trop lourde les voiles derrière lesquels la sagesse des autorités religieuses abritait un silence jugé nécessaire sur des questions laissées encore à la controverse. Rien, en tout cas, ne sera plus troublant ni plus passionnant que la lecture de ce nouveau livre, qui ramène au premier plan de l'actualité l'examen le plus froidement impartial de l'essence des enseignements évangéliques. »

Revue de l'Instruction publique en Belgique 1906, p. 181 :

« Cette nouvelle période de la controverse biblique est exposée avec précision et sincérité, sans équivoque ni réticence, en laissant parler eux-mêmes les textes et les faits. Aussi avec sa très riche documentation, son ton calme et modéré, sa phrase nerveuse et sobre, l'auteur a-t-il écrit un des chapitres les plus passionnants de l'histoire des idées contemporaines. »

Semaine religieuse du diocèse de Cambrai, 2 juin 1906 :

« Le 14 mai, S. E. le cardinal vicaire de Rome a pris une mesure dont il y a peu d'exemples, si toutefois il en est. Il a défendu, sous peine de péché mortel, de vendre ou de lire un livre qui n'était point encore livré au public [*La question biblique au XXᵉ siècle*]... Avant que cette défense ne fût connue en France, et usant, d'ailleurs, des autorisations qui m'ont été données à raison de mes fonctions, je m'étais procuré et j'avais lu ce livre. Il en est peu dont on puisse dire avec plus de vérité : « C'est un pur produit de l'enfer. » — Mgr DELASSUS.

LES ORIGINES DE L'ÉGLISE D'ANGERS

Analecta Bollandiana, nº du 30 juin 1902, p. 212 :

« .....Non seulement M. l'abbé H. retrace parfaitement l'histoire de la légende [de S. René] dès ses origines et à travers ses développements successifs, mais il raconte aussi les alternatives de succès et de faveur par lesquelles elle a passé et dans le culte liturgique et dans le monde lettré. Nous n'avons pas à nous ingérer dans la jurisprudence liturgique. Quant à la valeur historique de la légende, il y a bel âge qu'on avait établi ce qu'il fallait en penser. Nulle part cependant avant le travail de M. l'abbé H. on n'avait employé à l'examiner une telle richesse et une telle exactitude dans l'information et une plus grande fermeté de critique, jointe à une incontestable largeur de vues. »

Bibliothèque de l'Ecole des Chartes, nᵉ de mai-août 1902, p. 395 :

« C'est l'application locale aux traditions angevines des principes du doute le plus minutieux. En même tems que les légendes merveilleuses, M. H. proscrit sévèrement les banalités édifiantes des hagiographes et les hypothèses des apologistes modernes. Sa critique est un tamis très fin qui ne laisse point passer les erreurs les plus légères, mais qui peuvent tenir parfois avec elles certaines parcelles de vérité. » — A. R.

Revue critique d'histoire, 24 mars 1902, p. 237 :

« La brochure de M. H. est excellente et on y retrouvera l'érudition, la netteté, la rigueur et le bon sens dont il a déjà fait preuve en racontant la controverse sur l'apostolicité des Eglises gallicanes. » P. LEJAY.

Revue des Questions historiques, avril 1902, p. 634 :

« L'appendice étudie la légende de saint René. prétendu évêque d'Angers, dont il démontre la non-existence... » — E.-G. LEDOS.

Revue historique, septembre-octobre 1902, p. 112-113 :

« Etude bien conduite et concluante, pour tout lecteur non prévenu, des légendes singulières dont les hagiographes ont embroussaillé l'ancienne histoire de l'Eglise angevine...

« C'est un spectacle singulièrement réconfortant de voir des prêtres qu'on ne saurait soupçonner d'hostilité à la religion, reprendre la tâche jadis assumée par d'excellents catholiques. L'ouvrage, écrit avec entrain et d'un ton fort convenable, est un des meilleurs parus sur ces questions depuis quelques années. » — A. MOLINIER.

UN DERNIER GALLICAN

Bulletin critique, 15 novembre 1904, p. 626 :

« Comme tous les ouvrages précédents de l'abbé Houtin, celui-ci se recommande par une documentation abondante, une grande sûreté d'informations, et aussi une certaine saveur d'hétérodoxie qui vise toutefois moins les doctrines, sans doute, que les hommes. Je m'explique. Dans ses ouvrages, l'abbé Houtin met en scène des personnages ridicules et d'autres qui ne le sont pas ; or, il arrive que ces derniers sont précisément les moins orthodoxes, et dès lors, semble-t-il, les plus sympathiques à l'auteur. » — Alfred ROUSSEL.

Le Canada, 27 mars 1905 :

« Autour du chanoine Bernier, M. Houtin fait revivre une multitude de figures historiques de premier plan : le comte de Falloux, le vénérable P. Gautier, de la Société de Jésus, le célèbre bénédictin dom Guéranger, etc. En fait, le volume pourrait s'intituler aussi : *Scènes historiques de la vie ecclésiastique au XIX⁰ siècle*. M. Houtin est un historien, mais c'est en même temps un écrivain de premier ordre, un esprit délicat et un ironiste merveilleux. Rien d'étonnant si *Un dernier Gallican* constitue un véritable régal. » — B.-C. MORAS.

Revue d'Histoire moderne, 19 octobre 1904, p. 52-53 :

« Cette étude de M. l'abbé Houtin, très documentée comme toutes celles qu'il a faites, sera indispensable aux historiens du mouvement ultramontain qui domine toute l'histoire de l'Eglise de France depuis le Concordat de 1801... Il faut l'ajouter aux études récentes du P. Lecanuet, du P. Laveille, du chanoine Gousset, etc. ; elle en a la valeur documentaire, et de plus et surtout elle a la haute impartialité historique qui leur manque assez souvent... Le livre est donc, en même temps qu'un livre solide d'histoire religieuse, un véritable recueil de documents... Presque tous sont très importants. » — Ph. SAGNAC.

Studi religiosi, février 1906, p. 104 :

« Quoiqu'il ne traite pas de questions qui intéressent directement la vie ecclésiastique italienne, ce volume se lit avec charme et constitue un chapitre important de l'histoire de l'Eglise de France au siècle dernier. »